Ein Mutterherz vergisst nie – Zwangsadoption in der BRD & Die Suche geht weiter!

Autorin: Brigitte Kohrs

Brigitte Kohrs

Ein Mutterherz vergisst nie Zwangsadoption in der BRD &
Die Suche geht weiter!

Impressum

Bibliografische Information der Deutschen Nationalbibliothek:
Die Deutsche Nationalbibliothek verzeichnet diese Publikation
in der Deutschen Nationalbibliografie; detaillierte
bibliografische Daten sind im Internet über http://dnb.dnb.de
abrufbar.

© 2020 Brigitte Kohrs

Herstellung und Verlag: BoD – Books on Demand,
Norderstedt

ISBN: 9783752815160

Inhaltsverzeichnis

Vorwort

Liebe Leser

Ein Mutterherz vergisst nie Zwangsadoption in der BRD & Die Suche geht weiter!

Und meine Suche ging bis 2019 weiter.

9 weitere Jahre hoffen und bangen, um endlich Gewissheit zu haben, wo meine Tochter gelebt hat und ob es ihr heute gut geht, war die große Frage, die sich auch sicherlich jeder meiner treuen Leser gefragt hat?!

Ich habe euch allen, in meinem ersten Buch versprochen, die Suche nach meiner Tochter geht weiter, bis ich Gewissheit habe und seit nun gespannt darauf, ob ich es geschafft habe. Mich gegen die Behörden und Jugendämter, die mir wie immer Steine in den Weg gelegt haben, mit starkem Willen, mein Ziel zu erreichen?!

Sie haben mich gequält, belogen und wollten mich mit allen ihn zur Verfügung stehenden Mitteln von meiner Suche abbringen, aber ein Mutterherz vergisst nie!

Die Suche geht weiter! Mein Ziel ist es, das mein Sohn, die Möglichkeit bekommt, seine leibliche Schwester, auf die er Jahrzehntelange Jahre verzichten musste, kennenlernen darf! Ob ich es geschafft habe, steht hier in meiner Biographie!

 Seit Jahrzehnten suche ich meine Tochter, die am
16.09.1973, in Berlin - Neukölln geboren wurde
gemeinsam mit ihrer eineiigen Zwillingsschwester, die
leider nach ihrer Geburt verstorben ist. Ich musste den
Schmerz aushalten meine kleine Tochter zu verlieren,
weil sie nach der Geburt gestorben ist und ich musste
den Schmerz aushalten, dass mir meine zweite Tochter
sofort nach der Entbindung auf brutale Art und Weise
vom Jugendamt geplant weggerissen worden ist! Was
kann ein Mensch für Schmerz und Erniedrigung durch
diese Menschen aushalten? Sehr viel, wenn man sein
Ziel nicht aus den Augen verliert und sein Kind von
ganzem Herzen liebt. Nun aus diesem Grund habe ich
nicht aufgegeben, bis zum heutigen Tag, im Juli 2019.
Aber ich war es nicht anders gewohnt! Seit Jahrzehnten
fuhren die Behörden und Jugendämter mit mir und
meinen Gefühlen buchstäblich Schlitten. Immer waren
die Gespräche, die ich mit ihnen versucht habe zu
führen, von einer eisigen Kälte begleitet. Gefühle, oder
Mutter sein, spielten in ihrem Adoptionsdschungel keine
Rolle, nur die Adoptionsgesetze zählten und darum
herrschte die Angst etwas Menschlichkeit zu zeigen,
über sie alle. Ich aber kenne alle ihre Tricks und
Ausreden! Sie wollen mich verunsichern und streuen
falsche Richtungen! Es ist wie in einem Alptraum, der
nicht enden will. Ihr bekommt mich nicht klein, denn
das versucht ihr seit Jahrzehnten, aber ich komme
immer wieder, bis ihr mir sagt, wo meine Tochter ist!
Das wird und war nie ein Spaziergang, weil es zu viele
sind, die gegen mich und meine gute Absicht arbeiten,
mein Kind zu finden. Was habe ich getan, dass ihr mich
so unwürdig behandelt?

Ich war erst 15 Jahre und wurde völlig fremdbestimmt! Ich habe sie geboren und ich bin ihre Mutter und sie hat meine Wurzeln. Ich werde sie weitersuchen und ich werde sie finden, weil das Schicksal es nicht zulassen wird, was ihr mir seit Jahrzehnten mit euren Verschleierungen und Lügen antut! Ich werde meine Tochter finden! Die Suche geht weiter und ihr werdet das nicht verhindern, auch nicht mit euren Adoptionsgesetzen! Mit eurer Angst Herkunftseltern zu helfen, noch sie in positiver Richtung zu unterstützen. Versprechen gibt es viele. Aber was bleibt sind Sprechblasen und nur leere Worte! Ich rufe euch an und ihr lasst euch von euren Kollegen verleumden und sie unterstützen euch dabei! Das Jugendamt, dein Freund und Helfer? Leider nicht für Herkunftseltern, eher für Adoptiveltern! Wir, die Herkunftseltern sind nur die Brutkästen für eure Adoptiveltern und danach werden wir wie Müll entsorgt. Bei Inkognito - Adoptionen wird die wahre Identität des Kindes gelöscht! Was ist mit euch los? Ihr erschafft eine Schein - Identität, ohne Rücksicht, auf das Kind, oder seine Herkunftsfamilie und tut auch noch so scheinheilig, als ob es die Wahre Familie des Adoptivkindes nicht mehr gibt, oder noch viel schlimmer, ignoriert die Herkunftswurzeln der Adoptierten! Ich würde mich für meine Person und auch andere Herkunftseltern freuen, wenn ihr eure so perfekten Adoptionsgesetze für die Adoptionseltern und zum Wohle der Kinder, die bei allen Fragen und Antworten, an erster Stelle stehen sollten, auch für die so zahlreichen Herkunftseltern überdenkt, um mit Ehrlichkeit, zum Wohle des Kindes zu entscheiden.

Ist es richtig, den Kindern ihre Herkunftswurzeln zu nehmen und sie mit einer Lebenslüge erwachsen werden zu lassen? Das ist nicht zum Wohle eines Kindes, sondern schädigt seine/ihre Seele! Man sagt, die unsichtbare Nabelschnur zwischen Mutter und Kind wird immer eine Verbindung sein, ein Leben lang! Daran ändern auch keine Adoptionsgesetze, oder euer Ausforschungsverbot §1758. Jetzt wo ich hier an meinem PC sitze und die Fortsetzung meiner Jahrzehntelangen Suche nach meiner Tochter schreibe, wird mir bewusst, was ich wieder seit 9 Jahren mit diesen Behörden menschlich durchstehen musste, um mein Ziel zu erreichen! Einmal/Zweimal Hölle und zurück! Wir haben 2019 und es hat sich für mich seit 1973 nichts geändert. Ich habe es mir so sehr gewünscht - Hilfe und Unterstützung über das Jugendamt zu bekommen, aber Fehlanzeige, denn zum guten Schluss stehe ich wieder Mutterseelen alleine da, mit spärlicher, oder keiner Information, was wirklich 1973 mit meiner Tochter passiert ist. Okay, ich habe es versucht Hilfe und Unterstützung von euch zu bekommen, nun geht die Suche wie davor alleine mit meinen zahlreichen Recherchen weiter. Aber wie, ist hier die Frage, denn einfacher wäre es mit der Amtlichen Hilfe für mich und meine Tochter gewesen. Aber warum einfach, wenn mir das Jugendamt das Leben noch schwerer machen kann, denn ich bin ja nur ihre leibliche Mutter! Ich nehme mir meine Ordner vor, wo ich alle meine Recherchen über Jahrzehnte gesammelt habe, um nicht doppelte Schritte zu unternehmen.

Denn diese Suche raubt mir die Kraft an manchen Tagen! Wie oft wollte ich aufgeben?! Ich musste längere Suchpausen einlegen. Diese Pausen brauchte ich dringend, sonst hätte ich meine Jahrzehntelange Suche nicht fortführen können! Jetzt könnten sich meine Leser fragen? Was hat diese Frau angetrieben Jahrzehntelang ihre Tochter zu suchen?! Ganz einfache Antwort - Die Liebe zu meinen Kindern, hat mich nie aufgeben lassen, meine geliebte Tochter zu suchen. Ich habe immer gefühlt, das dort draußen noch jemand von uns lebt, der eventuell, so wie ich etwas Warmes in seinem Herzen fühlt! Der Weg war lang und schwer den ich hinter mir hatte und es sollte noch schwerer werden. Dank der Menschen, die mir zuerst Hinweise gaben und mir am anderen Tag wieder nahmen. Ein Wechselbad der Gefühle in das ich immer wieder von fremden Menschen, von denen ich mir Hilfe und Unterstützung, bei meiner komplizierten Suche erhofft habe, in die Kälte gestoßen wurde! Wie oft ich diese Suche beenden wollte, weil es mich so quälte und ich das Gefühl hatte, es geht nichts mehr, stand ich am nächsten Tag wieder auf und wollte weiterkämpfen, um sie zu finden! Immer wenn ich schon aufgeben und nicht mehr wollte, weil ich maßlos von allen Menschen enttäuscht war, war es, als wenn eine Tür sich öffnete, aus der ein Licht schien, dass mir die Kraft gegeben hat, nicht aufzugeben und weiter nach meiner Tochter zu suchen. Als ich vor Jahrzehnten mit der Suche nach meiner Tochter angefangen habe, war mir bewusst, dass ich nicht sehr viel Unterstützung bei meiner Suche bekommen werde. Das ich aber so gut wie keine Hilfe und Unterstützung bekommen würde, das war mir zu keinem Zeitpunkt so sehr bewusst, als wo ich mich mitten in meinen Suchaktionen befand. Es war ein Auf und Ab meiner Gefühlswelt! Genug gejammert, die Suche geht weiter! Aber wie, das war meine Frage?! Ich suchte Jahrzehntelang meine Tochter und hatte dementsprechend durch meine Recherchen, einige Informationen zusammengetragen, aber keine wirklichen Beweise. Ich bekam von meiner Mutter die schriftliche Aussage, von wem meine Tochter aus dem Kinderkrankenhaus - 4 Tage nach der Geburt abgeholt worden ist und dass sie mit der Familie des leiblichen Vaters nach Westdeutschland zur Verwandtschaft mitgenommen wurde. Dann wusste ich aus Erzählungen, dass sich eine Verwandtschaft aus Westdeutschland, beim Jugendamt am Wohnort, als Adoptivfamilie beworben haben! Das Problem dabei ist, das diese Aussagen glaubwürdig waren, aber wenn man keine schriftlichen Dokumente darüber hat, sind es für die Außenwelt, nur Behauptungen und ich brauchte Beweise! Wie sollte ich die Suche nach meiner Tochter fortsetzen und wo würde ich Unterstützung bekommen?! Ich muss ehrlich sagen, ich hatte ein großes Fragezeichen, über meinem Kopf zu schweben! Aber kommt Zeit, kommt Rat! Ich holte den größten Schatz aus meinem Aktenordner, meinen Mutterpass, ohne den hätte ich niemals mit meiner Suche anfangen können.

Ich wurde 1973 von allen in der Frauenklinik in Neukölln belogen und um meine Tochter betrogen. schlimm genug, dass mein Zwillingsmädchen nach der Geburt gestorben ist, aber mich dann noch mit dem Gedanken leben zu lassen, dass beide Kinder tot sind, ist die größte Sünde, die von Menschen an mir begangen worden ist, wirklich böse! Dafür gibt es keine Entschuldigung, oder Ausreden, zum Wohle des Kindes! Lebenslügen zum Wohle meiner Tochter?! Ich wollte nicht, dass meine Tochter ihr Leben lang mit einer Lebenslüge leben muss und darum musste ich meine Tochter weitersuchen. Ich gebe nicht auf und ist der weitere Weg genauso steinig, oder steiniger ich kämpfe um meine Tochter egal wie alt sie heute ist, denn sie ist und bleibt mein Kind! Das werden keine Adoptiveltern, oder Adoptionsgesetze ändern. Mein alter Mutterpass von 1973 war die Tür zu meiner Tochter. Durch dieses Dokument konnte ich endlich beweisen, dass meine Tochter lebt! Der Herzton, der am 18.09.1973 in meinen Mutterpass eingetragen worden ist, war der Beweis! Ich glaube an das Schicksal und es wollte meine Tochter und ihre Familie nicht endgültig trennen! Mein Mutterpass, der ja eigentlich im Schredder des Krankenhauses verschwinden sollte ist für mich der Beweis, dass ich meine Tochter nie aufgeben sollte! Und das habe ich zum Glück nie getan, weil die Liebe zu meinem Kind immer größer und stärker war, als die Hindernisse, mit denen man mich bei meiner Suche konfrontiert hat. Wahre Liebe, kann Berge versetzen!

Nicht nur ich als Mutter, mein lieber Sohn und meine liebe Familie ist um die Schwester und unser Familienmitglied mit unseren Wurzeln ganz böse betrogen worden. Mein Sohn auch wenn er immer so cool tut leidet auch darunter und vermisst seine leibliche Schwester! Auch mein Sohn war immer ein großer Antrieb meine Tochter und seine Schwester weiter zu suchen. Ich liebe meine Kinder von ganzem Herzen und hätte meine kleine Tochter niemals zu anderen Leuten gegeben, aber mit 15 Jahren hatte ich nichts zu melden! Aber auch mit 15 Jahren habe ich versucht meine Tochter im Krankenhaus zu finden! Ich schaute mir zum X - mal meinen Mutterpass von 1973 an und sah ganz unten unter dem Datum 18.09.1973 eine Messung, die aus einer Zahl und % schriftlich in meinem Mutterpass niedergeschrieben wurde, aber von wem und was stand dort für ein Name, als Unterschrift. Ich rätselte hin und her und als ich mir sicher war, recherchierte ich in den Medien. Ich habe dort einen Gynäkologen gefunden, auf den dieser Name aus meinem Mutterpass passen könnte und habe sofort in seiner Praxis in Berlin Steglitz angerufen. Ich schilderte kurz mein Anliegen und bekam noch am selben Tag einen Termin bei ihm in der Praxis. Mit klopfenden Herzen und meinen Mutterpass in der Tasche, fuhr ich mit der U-Bahn von Berlin Rudow nach Steglitz! Ich war so aufgeregt und fragte mich die ganze Zeit der U- Bahnfahrt, ob er mein Retter sein wird, um meine Tochter zu finden! Als ich mit klopfenden Herzen in der Gynäkologischen Praxis gemeinsam mit einer guten Freundin, die meine Zeugin bei dem Gespräch mit dem Gynäkologen sein sollte angekommen war, dauerte es nicht sehr lange und der mir fremde Gynäkologe rief mich in sein Sprechzimmer. Mit zitternden Händen und Tränen in den Augen übergab ich ihn meinen großen Schatz, meinen Mutterpass und erzählte ihm meine grausame Geschichte dazu. Er schaute mich fassungslos an und auch er verstand in diesem Moment meiner Erzählungen, die Welt nicht mehr. Er schaute sich sehr aufmerksam meinen Mutterpass von 1973 an und was ihm sofort aufgefallen ist, dass meine komplette Schwangerschaft von den Zwillingen feinsäuberlich herausgetrennt worden ist. Aufgefallen ist es ihm, weil mein Mutterpass untypisch dünn war! Dann schaute sich der Gynäkologe aufmerksam das Datum, den 18.09.1973 und den Messwert in % Zahlen an und dann kam für mich der erlösende Satz. Das ist eine Herztonmessung eines Neugeborenen, soweit ich weiß, aber ich bin kein Kinderarzt. Es war eine Hoffnung für mich, dass meine Tochter lebt! Seine Augen wanderten weiter nach unten und nun untersuchte er sehr genau, die Unterschrift des Arztes unter der Herztonmessung, vom 18.09.1973. Er war sehr erfreut mir sagen zu können, dass er diesen Kinderarzt aus der Kinderklinik in Neukölln sogar persönlich kennt und damit war er sich nun auch sicher, dass es sich um eine Herztonmessung von meinem

Baby handelt. Dieser besondere Moment, wo mir ein Arzt bestätigte, dass meine Tochter lebt, war für mich wie Weihnachten Pfingsten und Ostern an einem Tag! Nun weinte ich vor Glück! Der sehr freundliche und Hilfsbereite Gynäkologe gab mir den Namen und die Adresse des Kinderarztes und ich fuhr überglücklich mit dieser tollen Nachricht nach Hause! Ich musste mich erst einmal von der ganzen Aufregung erholen und außer meiner guten Freundin habe ich aus Angst, es könnte mir jemand nehmen, niemanden davon erzählt. So habe ich auch meinen Mutterpass gehütet, denn er war die Tür zu meiner vermissten Tochter. Am nächsten Tag suchte ich mir die Telefonnummer von dem Kinderarzt aus dem Telefonbuch und ließ meine Freundin dort anrufen, weil ich so eine große Angst hatte, wieder eine Enttäuschung zu erleben. Ich stand aber ganz nah am Telefonhörer und lauschte das Gespräch mit, was sich positiv anhörte. Ich konnte es nicht aushalten, alles über meine Tochter zu erfahren! Meine Freundin gab mir den Telefonhörer. Dieser Kinderarzt konnte sich nach so vielen Jahren, die vergangen waren genau an den 16.09.1973 und an meine Zwillingsgeburt erinnern und dass ich erst 15 Jahre zu dem Zeitpunkt der Geburt war. Er klärte mich sofort darüber auf, dass er bei meiner Tochter eine Herztonmessung durchgeführt hatte und sich gewundert hat, dass in meinem Mutterpass viel zu niedrige Geburtsgewichte eingetragen wurden. Er hat dann die Herztonmessung von meiner Tochter vom 18.09.1973 eingetragen und sofort die zu niedrigen Geburtsgewichte geändert und eine altdeutsche ZW. davor geschrieben, was die Wahrheit war. Eine Tochter hat 2450g und die überlebende Tochter hat 2500g bei der Geburt gewogen. Der Kinderarzt hat mir auch bestätigt, dass meine eine Zwillingstochter leider nicht überlebt hat! Nun hatte ich die Gewissheit, das eine Tochter leider nach der Geburt gestorben ist und meine andere Tochter überlebt hat. Ich hatte ein lachendes und ein weinendes Auge, als ich davon über den Kinderarzt aus der Kinderklink in Berlin Neukölln erfahren habe. Ich war dem Schicksal so dankbar, dass ich meinen Mutterpass von 1973 hatte und den Kinderarzt, der meinen Fall genau kannte, durch den freundlichen und hilfsbereiten Gynäkologen aus Berlin Steglitz gefunden habe. Ich bedankte mich sehr herzlich bei dem Kinderarzt meiner Tochter von 1973, der mir auch noch den wichtigen Hinweis gegeben hat, dass meine Tochter nach 4 Tagen Kinderklinik Aufenthalt von der Familie des leiblichen Vaters abgeholt wurde und dass sie mit meinem Baby sofort nach Westdeutschland fahren wollten, weil dort schon gewartet wurde! Ich fühlte mich, wie die glücklichste Frau und Mutter auf der ganzen Erde, denn ich war in meiner Jahrelangen Suche, endlich ein großes Stück weiter gekommen und konnte durch den Kinderarzt endlich aufklären und bestätigt bekommen, das ein Mädchen meiner Zwillingsgeburt am 16.09.1973 überlebt hat. Ich konnte nun alles neu ordnen und wusste, dass ich nach einer Tochtersuchen musste und alle Unsicherheiten, ob meine andere Tochter auch überlebt hat, wurden durch die

Fakten des Kinderarztes über meine Zwillingsgeburt am 16.09.1973 belegt. Für mich stand fest, dass meine Suche nach meiner Tochter weiter geht! Da ich immer ein sicherheitsbedachter Mensch bin und auch war und mich doppelt absichern wollte, setzte ich mich mit dem Herzzentrum in Berlin in Verbindung und kontrollierte nochmal nach, ob es sich auch zu 100% um eine Herztonmessung handelt?! Die Ärztin aus der Kinderkardiologie bestätigte mir, dass es sich um eine Herztonmessung meiner Tochter handelt und auch das sie mit diesem Herztonwert lebt! Die Kardiologin hat mir das nochmal schriftlich bestätigt, was mir auch der Kinderarzt meiner Tochter mündlich bestätigt hatte. Jetzt habe ich den Beweis, dass meine Tochter überlebt hat, aber das wird nicht ausreichen, um die Behörden davon zu überzeugen! Ich fühlte, wo meine Tochter aufgewachsen ist! Das war nur die Spitze des Eisbergs und ich wusste, dass ich lange noch nicht am Ziel meiner Suche war und da sollte ich mal wieder Recht behalten! Die Steine die noch vor mir lagen, konnte ich in diesem Moment des glücklich seins, noch nicht einschätzen. Ich habe von dem Kinderarzt meiner Tochter einen entscheidenden Hinweis erhalten, dass meine Tochter überlebt hat und das war genug Motivation, um die Suche nicht zu beenden, sondern weiter nach meiner Tochter zu suchen! Ich war so aufgeregt und zufrieden, dass meine Jahrelange Suche, nun Früchte getragen hat. Auch, weil mich die Liebe zu meinem Kind motivierte und mir die Kraft gab nicht aufzugeben.

Ich musste mir meine nächsten Schritte sehr gut überlegen, da ich als Herkunftsmutter gesetzlich von den Behörden keine Auskünfte zu erwarten hatte. Ich hatte auch immer die große Hoffnung, dass meine Tochter mich suchen würde. Sie würde Auskünfte über ihre Herkunft bekommen, wenn sie uns kennenlernen wollte. Dann kam mir dieser Gedanke?! Was, wenn sie überhaupt nicht weiß, dass sie adoptiert wurde?! Dann ist sie in einer heilen Welt, mit einer Lebenslüge erwachsen geworden. Wie grausam! Ich wollte nicht daran denken und hatte die Hoffnung, dass ihre Adoptiveltern ihr die Wahrheit nicht verschwiegen haben. Ich rief eine gute Bekannte an und ließ mich beraten, denn sie war ein Mensch, der sich mit dem Thema Adoption bestens auskannte! Ich hatte ihr immer nur Ansätze meiner grausamen Geschichte erzählt, aber diesmal nahm ich mir vor, meine Geschichte von Anfang an zu erzählen, in der Hoffnung, sie kann mir mit Rat und Tat zu Seite stehen und ich hatte Glück! Es war ein guter Tag, denn sie hatte Zeit für mich und so erzählte ich ihr, was mir am 16.09.1973 in der Frauenklinik mit meinen Zwillingen passiert war. Das ich den Kinderarzt gefunden habe, hütete ich noch wie ein Geheimnis! Sie hörte mir aufmerksam zu und das tat mir unsagbar gut! Meine Bekannte, die auch im sozialen Bereich tätig ist, war geschockt, über meine grausamen Erlebnisse, von der Geburt bis zur Kindeswegnahme! Sie war minutenlang sprachlos und es tat mir unsagbar gut, dieses Verständnis und ihre Betroffenheit über meine grausamen Erlebnisse zu fühlen! Endlich ein Mensch auf meinen steinigen Wegen, der die Welt nicht mehr versteht und sie sagte, mit leiser Stimme - Oh Gott, wie konnte man dir so etwas antun! Es hätte wohl auch 1973 andere Wege gegeben, als so radikal, bald schon kriminell vorzugehen. Ich merkte ihr diesen Schock darüber lange an und es dauerte noch sehr lange, bis sie normal sprechen konnte. Sie wusste genau, dass niemand diese festverankerten Adoptionsgesetze ignorieren kann und bei einer Inkognito Adoption, was üblich bei Säuglingen 1973 war, konnte sich noch weniger, bis keine Informationen finden lassen. Aber sie war bereit, mich zu unterstützen, auf ganz legalen Wegen. Ich beendete das Gespräch, weil mich diese Gespräche sehr aufwühlten und ich jedes Mal, das Vergangene neu erlebte! Vergangene hört so vergangen an, aber wie sollte das eigene Kind zur Vergangenheit gehören?! Dafür gibt es keine Rezepte und keine guten Ratschläge! Da hilft nur Verständnis und Unterstützung! Gute Ratschläge hatte ich genug - Unterstützung eher weniger. Nach einigen Tagen klingelten mein Telefon und meine Bekannte war am Hörer. Ich war so froh darüber, dass sie mich anrief und auch sehr gespannt, ob sie mir weiterhelfen kann. Sie hatte gute Nachrichten! Sie hatte recherchiert und da ist ihr eingefallen, das in einem Portal im Internet es einen Aufruf von adoptierten Zwillingen gibt, die 1973 in Berlin geboren wurden und ihre Herkunftsfamilie suchen. So sehr, wie ich mich über diese positive Nachricht freute, hatte ich in meinem

Hinterkopf, das meine eine Tochter von meinen Zwillingen, nach der Geburt verstorben ist, nach Aussage des Kinderarztes der Kinderklinik mit dem ich vor meiner Bekannten Kontakt hatte! Dann schlich sich wieder der Gedanke des Misstrauens ein und ich dachte?! Ich wurde nur belogen und betrogen von der Frauenklinik und den Behörden. Ist die Geschichte wahr, dass eine Tochter nach der Geburt gestorben ist?! Da war sie wieder, die große Unsicherheit in mir! Hätte ich doch lieber dem Kinderarzt geglaubt! Dann hätte ich mir viel Chaos erspart. Aber irgendwie war es Schicksal, das ich auf diese Zwillinge, die in Berlin 1973 geboren wurden und auch nach Westdeutschland adoptiert wurden, getroffen bin, wie es sich herausstellen wird! Meine Bekannte gab mir das Portal, wo dieser erst kürzliche Aufruf gepostet wurde und ich schrieb eine E-Mail an eine dieser suchenden Zwillinge. Ich brauchte nicht lange warten, da kam die erste E-Mail von der Suchenden nach ihrer Herkunftsfamilie. Es war sofort ein reger und freundlicher Austausch unserer Informationen von 1973. Wir verstanden uns sehr gut und es passte. Meine Hoffnung, dass beide Kinder noch lebten war zu dieser Zeit groß! Aber man sagt bekanntlich, die Hoffnung stirbt zu Letzt. Ich muss ehrlich sagen, dass ich diese Zeit des regen Austauschs per E - mail genossen habe. Immer mit der großen Hoffnung verbunden meine Kinder gefunden zu haben. Zwischenzeitlich wollte ich nicht mehr daran denken, was mir der Kinderarzt bei unserem letzten Gespräch sagte, das nur eine Tochter überlebt hat. Ich hatte immer dieses Gefühl, das es nicht zu 100% meine Zwillinge sind, aber da war auch das Gefühl, das ich den E-Mail-Kontakt nicht beenden sollte. Nach 3 Monaten regen E-Mail-Kontakt fiel mir auf, dass ich und die Suchende nach ihrer Herkunftsfamilie, nie darüber redeten, in der Zwischenzeit haben wir auch miteinander telefoniert, wann die Zwillinge 1973 in Berlin geboren worden sind und in welchem Krankenhaus?! Wir waren alle so glücklich, dass wir uns gefunden haben, dass wir die Fakten unter den Tisch kehren, aber das ging nicht! Wir alle suchten einen geliebten Menschen. Ich meine Tochter und die Zwillinge aus Berlin, ihre Mutter und Herkunftsfamilie. 3 Monate waren nach dem ersten Kontakt vergangen und wir telefonierten öfter! Ich musste es tun! Die Fragen, aller Fragen stellen, um die Fakten zu klären. Ich fühlte das dieser Zeitpunkt immer näher rückte, aber was fehlte noch, um den Mut zu haben, diese Fragen zur Aufklärung zu stellen. Ich wollte noch ein wenig warten und das war meine richtige Entscheidung, wie sich später auf meinen weiteren Wegen herausstellen sollte. Es war im Juli 2015 und ein sonniger Tag, als ich mal wieder mit der Suchenden am Telefon sprach. Es war ein reger Austausch von Informationen, bis ich aufhorchte. Sie erzählte mir, dass sie, in Westdeutschland mit ihrer Zwillingsschwester in eine Oberschule gegangen ist, wo sie ihr ABI absolvierte. Eine Klasse und ein Stockwerk über ihnen in dieser

Oberschule, nannte sie plötzlich den Namen einer jungen Frau, die auch 1973 geboren wurde und die ihr sehr gut bekannt war. Ich hörte ihren Erzählungen aufmerksam zu und dachte, das ist doch nicht möglich! Ich dachte, das ist jetzt nicht wahr, denn auch mir war diese junge Frau bekannt, denn sie hat über Jahrzehntelang in Erzählungen aus der Familie meine Wege gekreuzt. Was hat das zu bedeuten, fragte ich mich? Wird meine Vermutung über Jahrzehnte nun durch dieses Gespräch zur Wahrheit?! Ich fragte bestimmt noch 5-mal nach, ob sie denn genau weiß, dass diese junge Frau 1973 geboren ist und ob der Name stimmt. Sie sagte immer wieder, dass sie sich sehr sicher ist und ihre Aussagen der Wahrheit entsprechen. Jetzt wusste ich was das Schicksal mir sagen wollte und warum ich 3 Monate den Kontakt zu den Zwillingen pflegte. Es war kein Zufall, dass ich das alles erfahren musste. Wie das Leben so spielt! Wir beendeten freundlich dieses Gespräch und ich bedankte mich herzlich für diese Information. Jetzt hatte ich auch das Gefühl den Rest Unsicherheiten mit der Suchenden zu klären und das tat ich eine Woche später. Wir hatten uns so gut verstanden, dass sie dachte ich sei ihre Mutter und hier und da, habe ich das auch gedacht. Das Schicksal hat uns aber aus einem besonderen Grund zusammengeführt, um das sich die Information des Kinderarztes bestätigt, dass meine eine Tochter überlebt hat. In einem längeren Gespräch haben wir dann die Fakten geklärt und leider feststellen müssen, dass zwar einige Dinge übereinstimmten, aber sie waren nicht im September 1973 geboren und auch nicht in der Frauenklinik in der ich entbunden habe. Einige Wochen später habe ich die Info erhalten, das diese Zwillinge einen Anruf vom Jugendamt erhalten haben, das ihre Herkunftsfamilie gefunden wurde! Ich freute mich so sehr für die beiden und wünschte ihnen alles Gute. Ich war sehr glücklich darüber, dass ich die beiden kennenlernen durfte und so interessante Neuigkeiten von ihnen erfahren habe, die mich wirklich in der Suche nach meiner geliebten Tochter weiterbringen sollten - Schicksal! Leider ist der Kontakt zu den Zwillingen danach sofort abgebrochen! Ich denke, dass sie so sehr darüber glücklich waren, ihre Herkunftsfamilie gefunden zu haben, dass der Kontakt zu mir, eine gute Erinnerung auf beiden Seiten bleiben sollte. Meine Suche ging mit frischem Mut im Gepäck weiter, denn wer Rastet, der Rostet! Meine nächste Überlegung war, wie sollte ich meine Suche in nächster Zeit gestalten und wen sollte ich kontaktieren, um Unterstützung zu bekommen?! Das wird nicht einfach rasten die Gedanken durch meinen Kopf. Ich fing wieder an im Internet zu recherchieren! Überwiegend findet man dort Adoptierte, die ihre Herkunftsfamilien suchen und dazu auch Hilfestellungen von den Ämtern und Behörden bekommen, wunderbar! Leider sieht die Seite der Herkunftseltern dagegen eher schwarz aus und die Hilfsangebote sind sehr dünn, bis nicht vorhanden. Nun sah ich schon wieder vor meinem geistigen Auge, die Steine, die mir schon Jahrzehntelang in den Weg gelegt wurden, wegen den verankerten Adoptionsgesetzen! Ja, die lieben Adoptionsgesetze, die mir als Herkunftsmutter das Leben schwer machten, mein Kind zu finden. Aber nicht aufgeben und jammern, sondern aufstehen und weiterkämpfen, das war mein Leitsatz! Wie hätte ich auch sonst Jahrzehntelang nach meiner Tochter suchen können?! Dann war die Idee da, wie ich meine Suche fortführen werde. Ich kontaktierte das Familiengericht! Es war wie Folter, denn jeden Tag wartete ich auf einen Anruf, oder Post vom Familiengericht aus Westdeutschland, aber nichts passierte. Ich hatte Schlafstörungen vor lauter Angst, es meldet sich von dort niemand und ich komme mit meiner Suche wieder wie so oft in den Jahren nicht weiter. Es war ein Jahrzehntelanges Puzzle, auf der Suche nach meinem Kind, das ich so sehr vermisste. Ich denke seit ihrer Geburt am 16.09.1973 jeden Tag an meine kleine Tochter und wie wunderbar sie sofort nach ihrer Geburt geschrien hat. Es war wie ein Protestschrei, weil sie mich gnadenlos, sofort, als ich sie kurz wahrgenommen habe, mit der Äthermaske gewaltsam betäubten. Ich sehe heute noch diese Riesen Hand auf meinem kleinen schmalen Gesicht, mit der Äthermaske und eine andere Hand drehte die Flasche in der sich das Betäubungsmittel befand, immer höher, bis ich nichts mehr merkte und völlig betäubt wurde! Ist das menschlich und überhaupt zulässig? Das steht im

Grundgesetz - Die Würde des Menschen ist unantastbar? Und was war mit meiner Würde, oder die Würde meiner kleinen Tochter? Jedes Neugeborene braucht seine Mutter und keine fremden Leute! Ich habe meine Kinder 9 Monate in meinem Bauch getragen und sie über alles geliebt! Ich habe nicht geraucht, kein Alkohol, mich gesund ernährt. Ich habe alles für meine Zwillinge getan, dass sie gesund auf die Welt kommen und der Lohn für mich war ein Eimer voller Pech, von den Behörden. Was habe ich Böses getan, oder was hat mein Mädchen getan, das sie nicht bei ihrer Mutter bleiben durfte? 15 Jahre und zu jung ist keine Ausrede für das was mir, meinem Sohn und meiner Tochter ein Leben lang angetan worden ist! Nach meinem Sohn, ihrem leiblichen Bruder wurde nie gefragt! Er leidet und seine Schwester fehlt ihm, aber wen stört das schon, geht ja nicht um das eigene Leben, sondern ist nur eine Jugendamt Akte mit einer Nummer! Ich denke so, weil wenn man über Jahre an Türen klopft, die geschlossen bleiben, dann läuft die Vergangenheit wie ein Film ab. So negative Erlebnisse vergisst kein Mensch auf dieser Erde! Sie ist mein Kind! Sie hat meine und die Wurzeln ihrer Herkunftsfamilie. Adoptionsgesetze ändern daran nichts und Muttergefühle kann niemand in Jugendamt Akten verschwinden lassen, denn ein Mutterherz vergisst nie! Nach 14 Tagen endloses warten auf die ersehnte Antwort vom Familiengericht aus Westdeutschland, nahm ich den Telefonhörer in die Hand und rief die zuständige

Mitarbeiterin vom Familiengericht an. Sie war etwas in Eile, so hat sie jedenfalls getan. Als sie einordnen konnte wer ich bin und was ich von ihr will, würgte sie mich eilig ab mit den Worten! Ich schau mal nach ihrem Vorgang. Dann kontrollierte sie nochmals nach, ob ich mein Anliegen schriftlich an das Familiengericht gesendet habe. Als das soweit zu ihrer Zufriedenheit war sagte sie mit unfreundlicher Stimmlage, da kann ich ihnen jetzt keine Auskunft am Telefon geben. Sie bekommen in den nächsten Tagen von der Fachabteilung einen schriftlichen Bescheid. Ich wollte mich noch bedanken, aber sie legte nach diesem Satz schnell auf. Immerhin dachte ich, eine eilige Auskunft, ist besser als keine Auskunft. Nun war ich gespannt, was mir vom Familiengericht schriftlich ins Haus schneien würde. 3 Tage später kam der schriftliche Bescheid vom Gericht! Ich war sehr aufgeregt, als ich endlich den lang ersehnten Brief in der Hand hielt. Ich traute mich ihn nicht zu öffnen und hielt ihn weiter in meiner Hand. Dann rasten die Gedanken durch meinen Kopf, was steht da drin? Nach langem Überlegen und Gefühlschaos zwischen Angst und Freude öffnete ich den Amtsbrief. Wie viele dieser sogenannten Amtsbriefe habe ich in den letzten Jahren meiner Suche erhalten? Dort stand überwiegend dasselbe geschrieben Aufgrund des Personendatenschutzgesetzes dürfen wir ihnen keine Auskünfte über Personen, oder Adoptionen geben, sei denn ein öffentliches Interesse besteht. Das müssten sie dann in ihrem Antrag glaubhaft machen.

Das waren ständig dieselben Steine, die meinen Weg blockieren sollten, nach meiner Tochter zu suchen. Aber ich bin eine Mutter, die ihr Kind liebt und eine Löwin, die ihre Familie verteidigt. Ich gebe nicht auf und ihr macht mir auch keine Angst mit euren Regeln und Adoptionsgesetzen, denn ich bin die Frau, die sie geboren hat, ihre Mutter! Nun hielt ich das Schreiben in meinen Händen, auf das ich seit Wochen gewartet habe. Zuerst überflog ich die Sätze aus Angst es könnte wieder eine freundliche Ablehnung auf meinen Antrag sein. Gibt es doch noch Menschen, die ein Herz und Gefühle für eine verzweifelte Mutter haben, die ihr Kind sucht?! Es gab 1974 ein Genehmigungsverfahren bei unserem Familiengericht auf den Namen??? Ich traute meinen Augen nicht und da stand er, der Name meiner kleinen Tochter! Ich weinte - schrie vor Freude und wirbelte mit dem Brief in der Hand durch mein Wohnzimmer! Dieser Hinweis war Gold wert für mich! Denn nun wusste ich wo mein Weg der Suche mich hinführen wird und aus Vermutungen, wurde Gewissheit. Ein großer Erfolg! Aber auch auf diesem Erfolg, konnte ich mich nicht ausruhen, denn die Suche musste weiter gehen. Was sollte mein nächster Schritt sein? Ich musste gut überlegen, um keine Fehler zu machen, denn ich bin Herkunftsmutter und da bleiben die Amtstüren bekanntlich fest verschlossen. Zum Glück wurden die sehr strengen Adoptionsgesetze von 1973, bis 2019 zum Positiven verändert und wenn man auf freundliche Jugendamt Mitarbeiter mit einem Herz für

Herkunftseltern trifft, dann wird sich auch hier bemüht die Herkunftsfamilie zu unterstützen. Bekanntlich gibt es sicher zahlreiche Einzelfälle, wo die Mütter, wie ich 1973, nur minderjährig, bei der Geburt ihres Kindes waren und genauso fremdbestimmt wurden, so wie ich. Sie wollten sicher ihr Kind gerne selber behalten, davon bin ich überzeugt. Ich wollte legale Wege gehen, um meine Tochter zu finden und hielt mich auch daran, die Adoptionsgesetze zu respektieren. Auch wenn es mir manchmal schwergefallen ist und ich mich als Opfer sah. Es baute mich immer auf, wenn ich von einigen Behörden auch als Herkunftsmutter bedingte Unterstützung und Wegweiser bekommen habe. Mein Puzzle wurde von Mal zu Mal mehr und es kam immer ein Teilchen dazu, auch wenn es sehr anstrengend war! Ich hatte mir ein Ziel gesetzt, meine Tochter zu finden! Ich musste wissen ob es meiner Tochter gut geht und ob ihr gesagt wurde, dass sie adoptiert wurde! Der Gedanke quälte mich, dass mein Kind nicht darüber informiert worden ist, dass es ihre Mutter gibt. Jetzt hatte ich endlich das Gefühl, das ich weiter gekommen bin mit der Suche nach meiner Tochter! Ich habe endlich wichtige Fakten herausgefunden, die mich sicher weiter bringen werden, als bisher! Ich fühlte das meine Suche endlich Fortschritte machte und ich nicht auf einer Stelle stehen blieb und alle Türen verschlossen blieben und sich daran auch nur wenig im Laufe meiner Jahrelangen Suche nach meiner Tochter änderte. Was blieb mir schon von ihrer

Geburt? Ein alter Mutterpass von 1973, mit wenigen Informationen über die Geburt und Null Informationen über meine gesamten Vorsorgeuntersuchungen der Schwangerschaft von 1973! Genau diese Seiten, wurden aus meinem Mutterpass entfernt, von wem auch immer? Trotzdem war mein alter Mutterpass wirklich eine große Hilfe! Zuerst der Eintrag in meinen Mutterpass von dem Kinderarzt, der bei meiner Tochter eine Herztonmessung im Kinderkrankenhaus 1973 durchgeführt hatte. Damit konnte ich weiter recherchieren. Dann kam der Bescheid vom Familiengericht und die Begegnung mit den Zwillingen, die ihre Herkunftsfamilie suchten. Alle haben mir wertvolle Hinweise gegeben, wofür ich so sehr dankbar bin! Diese so wertvollen Hinweise haben mich jedes Mal ein Stück näher zu meiner Tochter gebracht. Ausruhen war nicht, denn die Suche nach meiner Tochter musste weiter gehen, weil ich es so wollte! Ich habe bei meiner Jahrzehntelangen Suche nach meinem Kind sehr viele Hinweise bekommen. Nicht jeden auch so gut gemeinten Rat konnte ich aber für meine weitere Suche anwenden, da ich mich nach den Adoptionsgesetzen richten musste und auch wollte. Es hat keinen Sinn, wenn man von einem Rechtsanwalt Post bekommt! Paragraph 1758 wird sehr gerne bei der Inkognito - Adoption angewendet! Mit anderen Worten Null Chance sein Inkognito adoptiertes Kind zu finden, oder reichlich Durchhaltevermögen und Willenskraft, aber das reicht nicht ganz aus, leider! Recherchen und Hoffnungen auf Unterstützung von Menschen, die ein

Herz für arme Herkunftseltern haben! Aus meinen langjährigen Sucherfahrungen nach meiner Inkognito adoptierten geliebten Tochter, kann ich dazu sagen, dass es nicht einfach ist, diese Menschen zu finden, aber auch nicht Unmöglich! Genauso habe ich es auf meinen Wegen der Suche nach meiner Tochter erlebt. Zwar ist es sehr mühevoll ständig seine Lebensgeschichte fremden Menschen zu erzählen und das ca. 100-mal. Aber ohne diese genauen Erzählungen hat man keine Chance, das Jemand unterstützend tätig wird bei dieser extrem schweren Suche! Ich habe auch erleben dürfen, dass Menschen von Behörden sehr offen und hilfsbereit mir entgegentraten, bis der § 1758 auftauchte Inkognito - Adoption und schon waren die Türen zu und alles was mir am Vortag noch gesagt und bestätigt wurde, war ein großer Irrtum, oder ein Missverständnis vom Vortag! Wenn diese Reaktion kam, dann bedankte ich mich freundlich und glaubte die Aussage der Mitarbeiterin vom Vortag, weil diese zu meiner Suche zu 100% passte. Es war sehr schwer mich in die Irre zu führen, da ich auf meinem Weg der Suche sehr viele Erfahrungen mit Ämtern Behörden und Mitarbeitern sammeln durfte. Es war im Prinzip immer derselbe Ablauf und die gleichen Worte, wenn § 1758 auftauchte. Wie sollte das weiter gehen und wie soll ich sie jemals finden! Wann sollte ich meine Inkognito adoptierte Tochter finden, wenn § 1758 mir mein Leben so schwer machte. Ich wollte nicht aufgeben und meine Suche musste auch mit

§ 1758 weiter gehen. Somit baute ich § 1758 in meine Suche ein, weil ich den legalen Weg gehen wollte. Verzweifelt war ich schon manchmal, auch wenn es an manchen Stellen meiner Biographie für den Leser so aussieht, als ob ich das mit Leichtigkeit geschafft habe! Nein, das war nicht so! Die Jahrzehntelange Suche nach meiner Tochter, hat mich viel Tränen - Mutlosigkeit und Verzweiflung gekostet! Ich musste auch längere Pausen meiner Suche einlegen, weil ich mich im Kreis drehte und nicht vorwärtskam. Das waren die schlimmsten Zeiten, wenn alle Türen geschlossen blieben und meine Fakten noch immer zu wenig waren, um endlich das zuständige Jugendamt zu kontaktieren! So musste ich alleine weiterkämpfen und das war an manchen Tagen sehr schwer, nicht aufzugeben, sondern weiter zu suchen. Es war die Liebe zu meinen Kindern, die mir bis zum heutigen Tag die Kraft gegeben hat und mein Mann, der seit 20 Jahren hinter mir steht und mich moralisch unterstützt! Dafür bin ich sehr dankbar! Eine Bekannte von mir gab mir den Rat, einen Suchdienst zu kontaktieren. Gute Idee dachte ich wollte aber zuerst das Jugendamt in Westdeutschland kontaktieren! Es gab dort nur eine Allgemeine Adoptionsvermittlungsstelle, die ich kontaktieren wollte, um mein Anliegen dort zu erklären! Ich musste erst recherchieren, weil ich die richtige Amtsstelle ansprechen wollte. Sonst müsste ich meine Lebensgeschichte wieder X mal erzählen und das wollte ich vermeiden. Ich hatte alle Informationen zusammen und nun rief ich wieder mit klopfenden Herzen die Mitarbeiterin der Adoptionsvermittlungsstelle in Westdeutschland an. Leider erreichte ich an diesem Tag niemanden und so entschloss ich mich, der Mitarbeiterin eine E-Mail zu schreiben, um mein Anliegen zu schildern. Nun kam das große warten auf die ersehnte Antwort! Ich schaute ständig in mein E-Mail-Postfach, aber es kam keine Nachricht von der Mitarbeiterin der Adoptionsstelle aus Westdeutschland. Meine Stimmung war im Keller und ich dachte, immer dasselbe § 1758! Am nächsten Tag war endlich die Nachricht in meinem E-Mail-Postfach, auf die ich 1 Woche nach meinem Anruf warten musste. Ich öffnete gespannt diese E-Mail und war sofort wieder Enttäuscht! Kurz und knapp stand dort von der Mitarbeiterin geschrieben?! Rufen sie mich am Donnerstag zu meinen Sprechzeiten an! Das hörte sich nicht sehr verbindlich an, aber diese Reaktion auf mein Anliegen, war ich leider gewohnt. Der Donnerstag kam und ich war wieder aufgeregt und konnte in der Nacht kaum schlafen. Ich rief die Mitarbeiterin den Donnerstag in ihrer Sprechzeit an. Sie bemühte sich freundlich zu mir zu sein. Ich bemerkte aber sofort in den ersten Sätzen, die wir austauschten, wie vorsichtig und karg ihre Aussagen zu der Suche nach meiner Tochter war. Die meiste Zeit hörte sie mir zu und sagte nichts. Das war 2015 und heute haben wir 2019. Bis 2019 hatte ich Kontakt zu dieser Mitarbeiterin von der Adoptionsstelle aus Westdeutschland und wenn ich es so überlege habe ich in 4 Jahren nur Bruchteile zu meinem Puzzle der

Suche dazu gewonnen. Aber, der Spatz in der Hand ist besser, als die Taube auf dem Dach! 4 Jahre waren die sogenannte Kennlernphase für Herkunftsmütter! Aber ich war glücklich und dankbar über diesen Kontakt, der mich über die Jahre ein Riesen Stück in meiner Suche positiv unterstützte, auch mit § 1758. Mein Vorteil dabei war, dass ich seit Jahrzehnten über alle Formen der Adoption recherchierte und meine Erfahrungen, der Mitarbeiterin erzählte und was ich in den Jahren herausgefunden habe. Eine halboffene, oder offene Adoption, wie es nach 1973 möglich war, hätte mir sicher unkomplizierter geholfen meine Tochter zu finden. Leider wurden 1973 noch gerne Inkognito - Adoptionen, speziell bei minderjährigen Müttern praktiziert und dann wird eine neue Identität für das Kind geschrieben, mit dem Segen des Vormundschaftsgerichts und das schlimmste an allem ist, dass die Herkunftsfamilie alle Rechte verliert. Das Verwandtschaftsverhältnis wird ausgelöscht. Für mich ist das für ein Kind eine Lebenslüge. Das Kind bekommt nicht mal mehr eine normale Geburtsurkunde, sondern ein Familienstammbuch Eintrag bei den Adoptiveltern! Ich finde das nicht legal, weil das Kind zu der Herkunftsfamilie gehört und auch diese Wurzeln in sich trägt! Das ist völlig Weltfremd, diese Inkognito - Adoptionsgesetze! Sie machen der Herkunftsfamile das Leben schwer und es gibt sicher auch viele Einzelfälle, so wie bei mir, wo der Kontakt zu der Herkunftsfamilie ohne Kindeswohlgefährdung stattfinden könnte! Ich kann heute aus meinen eigenen Erfahrungen berichten! Wenn man selber recherchiert hat und das dem Jugendamt vorlegt, wird man von dort aus bedingt unterstützt. Ich möchte dazu sagen, dass die Mitarbeiter von den Zentralen Adoptionsvermittlungsstellen, die Herkunftseltern unterstützen, aber leider nur bedingt! Bedingt wird sich nun der/die Leser/in fragen? Das möchte ich hier in meiner Biographie des Adoptionsparagraphen Dschungel gerne erklären. Die Mitarbeiter von den Zentralen Adoptionsstellen sind gewillt, die Herkunftsfamilie zu unterstützen! Sie hören sich die Umstände der Adoption aufmerksam an, müssen dann in einer Einzelfall Entscheidung darüber nachdenken und abwägen, ob eine Kindeswohlgefährdung ausgeschlossen werden kann. Das kann, leider Jahre dauern, da in meinem Fall, meine Jugendamt Akten in den ersten Jahren nicht aufgetaucht sind, oder anders gesagt, weil § 1758 es verhindert hatte. Wie wir wissen, ist meine Tochter gegen meinen Willen Inkognito adoptiert worden. § 1758 hat sich über Jahre in meinen Kopf eingebrannt, weil dieser Paragraph mich unendlich quälte und mich immer wieder erneut daran hinderte meine Suche unbeschadet weiter zu führen! Ich war von dem § 1758 so sehr genervt, dass ich 1000-mal die Suche känzeln wollte, aber da war diese tiefe Liebe zu meiner Tochter, die ich nicht aufgeben wollte. Darum ging die Suche weiter! Ich setzte mir Ziel für Ziel, um in meiner Suche vorwärts zu kommen und das war für mich Puzzlearbeit, seit Jahrzehnten, leider! Ich hatte sehr oft telefonischen Kontakt in diesen 4 Jahren zu der Mitarbeiterin, der Zentralen Adoptionsstelle aus Westdeutschland! Auch wenn diese Gespräche überwiegend so abliefen, dass ich nur redete und erzählte und sie mir aufmerksam zuhörte, tat es mir unheimlich gut! Diese Grausamkeiten, die mir im Jahre 1973 in der Frauenklinik in Berlin angetan worden sind, konnte ich durch die Gespräche, mit der Mitarbeiterin, der Zentralen Adoptionsstelle aus Westdeutschland, besser verarbeiten. Diese zahlreichen Gespräche von 2015 - 2019 gaben mir Kraft und ich fühlte mich nicht mehr so einsam, wie davor. Und ich fühlte, dass diese Hilfe und Unterstützung ehrlich War, auch wenn § 1758, die freundliche Mitarbeiterin immer wieder daran hinderte, mir genauere Auskünfte über den Sachverhalt zu geben, aber ich konnte sie verstehen! Ich fühlte, dass sie mir nicht nur zuhörte, sondern dass sie im Hintergrund, auch ohne Worte meine Situation versteht und mich von Herzen unterstützen will. Darum meldete ich mich in diesen 4 Jahren immer wieder bei ihr per E-Mail, oder telefonisch. Der Weg meiner Suche war leichter geworden, weil ich nicht mehr im Alleingang recherchierte, sondern die Zentrale Adoptionsstelle in Westdeutschland kontaktierte. Ich hatte auch Jahre zuvor die Zentrale Adoptionsstelle in Berlin kontaktiert und hatte dort auch einen persönlichen Termin. Auch dort habe ich die grausamen Umstände für die Inkognito

Adoption meiner kleinen Tochter erklärt und auch dort hörte mir die Mitarbeiterin aufmerksam zu. Aber auch dort ließ § 1758 meine Jugendamt Akte verschlossen! Darum verließ ich sehr traurig das Zimmer der Jugendamt Mitarbeiterin. Sie versprach mir, sich zu melden, was niemals geschehen ist und darum habe ich das Vertrauen in die Jugendämter komplett verloren. Bis 2015 waren diese Alleingänge meine Tochter zu suchen durch dieses Verhalten mir gegenüber vorprogrammiert. Ich hatte mit dem Jugendamt von Berlin nicht die besten Erfahrungen gemacht, denn diesem Jugendamt habe ich es zu verdanken, dass ich meine Tochter seit Jahrzehnten suche, weil sie sich entschlossen haben, eine Adoption - Einwilligung blanko, was nicht zulässig war, unter fadenscheinigen Ausreden unterschreiben zu lassen. Ist doch wirklich das aller letzte mit derartigen Methoden Kinder zur Adoption frei zu geben! Da ich genau darüber informiert war, dass meine Tochter nach Westdeutschland gekommen ist, gab mir die Mitarbeiterin aus Berlin den Rat, in nächster Zeit die Zentralen Adoptionsstellen in Westdeutschland zu kontaktieren. Dazu hatte ich nach dem Erlebnis mit einer Mitarbeiterin der Zentralen Adoptionsstelle aus Berlin, keine Nerven mehr! Ich fühlte mich von der Mitarbeiterin einfach nur abgeschoben. Dass sie die Akte in Berlin verschlossen halten konnte, sollte ich mich nach Westdeutschland verziehen. Ich war eine unbequeme Herkunftsmutter, die eigentlich laut Adoptionsplan vom Jugendamt in Berlin, niemals bei ihnen auftauchen durfte. Warum? Weil der Plan war, meinen Mutterpass noch in der Frauenklinik am 17.09.1973, einen Tag nach der Geburt meiner Kinder im Sprechzimmer des Gynäkologen zu schreddern! Aber liebes Jugendamt, ich war schneller, weil ich fühlte das eine Tochter überlebt hat und wenn ihr mich nicht mit diesen Krankenschwestern daran gehindert hättet, dann wäre meine Tochter bei ihrer Mutter und ihrer sehr lieben Herkunftsfamilie groß geworden und nicht bei fremden Leuten! Mein Kind musste mit einer Lebenslüge erwachsen werden! Das kann niemand mehr gut machen! Meine geliebte Tochter und ich ihre Mutter sind Opfer eurer Amtsmühlen geworden incl. § 1758. Ihr werdet nie nachvollziehen können, wie wir alle leiden und wie es ein Leben lang weh tut, dass eine intakte Familie so böse auseinandergerissen wurde. Ihr habt der Mutter die Tochter genommen und dem leiblichen Bruder die Schwester. Den Neffen, die Tante! Der Oma, die Enkeltochter und der Tante die Nichte. Auch allen anderen aus unserer Familie, ein wichtiges Familienmitglied! Meine Tochter hat durch ihre unfreiwillige und sehr umstrittene Inkognito Adoption zwei Familien. Eine Adoptionsfamilie und eine Herkunftsfamilie! Es will von uns niemand etwas wegnehmen, sondern wir wünschen uns nur, als Herkunftsfamilie mit ihren Wurzeln einen Teil zu ihrem Leben zu gehören! Wer gibt euch allen das Recht dazu, uns aus ihrem Leben zu verbannen?! Auch wir sind ihre Familie und sie hat jedes Recht der Welt.

Ihre Herkunftsfamilie und ihre Wurzeln kennenzulernen. Ihr seid nicht Gott, oder unser Schicksal! Nach diesen Erlebnissen, mit der Zentralen Adoptionsstelle in Berlin dauerte es bis 2015 bis ich mich dazu entschlossen habe, die Zentrale Adoptionsstelle in Westdeutschland zu kontaktieren und dort fand ich mehr Verständnis für das, was mir und meiner kleinen Tochter von dem Jugendamt in Berlin angetan worden war. Nach kurzer Zeit intensiver Gespräche mit der Mitarbeiterin wusste ich, dass ich diesen Kontakt pflegen werde. Sie machte mir zu keiner Zeit Versprechungen, die sie nicht halten konnte und ich konnte mich immer über die Jahre auf ihr Wort verlassen. Es ging langsam voran, aber es ging voran! Diese Zuverlässigkeit der Jugendamt Mitarbeiterin zählte für mich und es ging mir besser. Ich fühlte mich mit der ganzen Situation, nicht mehr einsam und Hilfsangebote zur Suche nach meinem Kind. Sie hat mir gezeigt, dass ein Jugendamt Mitarbeiter, wenn er/sie mit viel Verständnis und Einfühlungsvermögen arbeitet und dabei ehrlich mit seinem Gegenüber umgeht, mehr erreicht, als unser berühmter § 1758. Menschlichkeit ist in solchen Fällen wichtig und keine § 1758 Gesetzes Belehrungen. Es geht hier bei jedem einzelnen Adoptionsfall um Menschen und sensible Gefühle zu ihren Kindern. Liebe Jugendamt Mitarbeiter! Ein bisschen mehr Gefühl und Verständnis für die verzweifelten Herkunftseltern die euch kontaktieren und um Unterstützung bitten! Unterstützung sollte nicht nur ein schönes Wort sein, sondern auch bitte in die Tat umgesetzt werden. Da stehen sehr verzweifelte Menschen, so wie ich, die nur einen Kontakt zu ihrem Inkognito adoptierten Kind aufbauen wollen, weil jeder sein Kind liebt! Egal was für Umstände zu einer Adoption führten. Ein Mutterherz vergisst nie! Trotzdem ich einen wirklich guten Kontakt zu der Zentralen Adoptionsstelle in Westdeutschland pflegte, wollte ich bei der Suche nach meiner Tochter nicht stillstehen und auch mit der Unterstützung der Mitarbeiter, wollte ich weitersuchen. Mein Vertrauen war nicht sehr hoch angesetzt und ich glaubte nur das was ich schriftlich bestätigt bekommen habe, was eher selten passierte, oder was ich in den zahlreichen Telefonaten mit Ämtern und Behörden persönlich erfahren durfte. Das war meine Sicherheit, meine Suche zu kontrollieren. Ich habe in den Jahren meiner Suche einige Ämter und Behörden schriftlich kontaktiert. Die meisten Antworten waren negativ und bezogen sich auf das Personenstandsgesetz, das natürlich mit unserem geliebten? § 1758 zusammen hängt! Ich hasse diesen Paragraphen, der mir immer wieder bei meiner Suche in die Quere kommt und alles was ich finden will, mit seiner Sturheit umstößt. Aber ich gebe nicht auf! Hier und da öffnete sich eine Mitleidstür und dann bekam ich auch mal eine positive Nachricht, die mich in meiner Suche weiterführen sollte. Ein Puzzleteil kommt zum anderen und das machte mich dann unendlich glücklich! Diese Informationen waren hilfreich, aber reichten noch lange nicht aus, um zu beweisen, wo meine Tochter aufgewachsen ist. Ich wusste es, aber ich musste es dem Jugendamt beweisen, um das sie ihre Masken fallen lassen müssen, um mich endlich für mich richtigen Richtung zu unterstützen. Die wussten es, aber ich als Herkunftsmutter musste beweisen, dass ich herausgefunden habe, wo meine Tochter nach ihrer Geburt angekommen war und das wusste ich seit Jahren! Meine Mutter hatte mir schriftlich bestätigt, wann und wo meine Tochter nach ihrer Geburt angekommen ist und diesen Brief sendete ich an die Jugendamt Mitarbeiter! Denen passte diese Aussage nicht wirklich, aber was sollten sie dagegen tun? Meine Mutter war meine Kronzeugin. Ich war meiner Mutter so dankbar, da sie die Einzige war, die mir Jahrzehnte später, aber besser spät als nie, die ganze Wahrheit sagte und der es unendlich leid tat, das sie mich im Namen des Jugendamts von Berlin, belügen musste, weil sie vom Jugendamt Berlin unter Druck gesetzt wurde. Sollten meine Eltern nicht in eine Adoption einwilligen, mich in einem Heim unterzubringen und dann noch mit einer Anzeige wegen Aufsichtspflichtverletzung, weil ich mit 15 Jahren schwanger geworden bin. Was sollte meine Mutter tun? Was hätten andere Mütter getan? Trotzdem hat meine Mutter immer wieder gesagt, dass es kein Problem wäre, denn sie könnte auch halbtags arbeiten und das ich mich um mein Kind kümmern würde. Aber das war schon eine beschlossene Sache! Wir bekamen keine Chance, trotzdem wir eine intakte Familie waren und meine Tochter es gut gehabt hätte gaben sie uns keine Chance! Mein neugeborenes Baby wurde mir gnadenlos sofort nach der Geburt entrissen und kam auf die Kinderstation im Kinderkrankenhaus der Frauenklinik in Berlin, für 4 Tage! Nach 4 Tagen - der Aussage des Kinderarztes, der meine Tochter 4 Tage betreute und auch ihre Herztonmessung durchführte, wurde mein kleines Mädchen von der Familie abgeholt?! Das hat mir auch meine Mutter bestätigt. Meine neugeborene Tochter wurde nach Westdeutschland verschleppt, so sehe ich das! Entschuldigung! Natürlich mit allen guten Wünschen und den heiligen Segen vom Jugendamt in Berlin - Neukölln! Nicht zu vergessen, dass mein Mutterpass verschwinden sollte. Nach dem Motto aus den Augen, aus dem Sinn, aber nicht mit mir! Da wurde wohl die Rechnung ohne die Herkunftsmutter gemacht. Ich habe vom Tag an ihrer Geburt, am 16.09.1973 mein kleines Mädchen niemals vergessen und sie gesucht. Ihr habt mir zwei Kinder genommen! Eine Tochter ist verstorben und die andere überlebende Tochter habt ihr mir dazu genommen?! Wie fühlt ihr euch alle dabei? Einfach zur Inkognito Adoption freigegeben, gegen meinen Willen. Somit habe ich meine beiden Mädchen am selben Tag verloren. Der Unterschied daran ist?! Das eine wurde vom Schicksal entschieden und das andere ist durch Menschenhand geschehen, weil meine zweite Tochter lebt! Auch wenn ich zwischenzeitlich in meinem Ärger und Verletztheit zu versinken schien, sollte die Suche nach meinem Kind nicht zum Stillstand kommen.

Wenn ein Mensch verzweifelt ist, dann versucht er/sie sich an jedem Strohhalm festzuklammern und nimmt jeden Ratschlag von außen gerne an. Ich setzte mich mit einer Detektei in Verbindung, die auch nach vermissten Adoptierten im In- und Ausland suchten. Ich schilderte mein Anliegen und auch ehrlich, was mir 1973 angetan worden ist. Allen tat es leid, aber auch dort verhinderte § 1758, das sie mit der Suche angefangen haben. Leider bin ich dann an eine Detektei geraten, für die alles kein Problem war und die angeblich mit Vormundschaftsgerichten zusammengearbeitet haben! Ich musste im Voraus 1600,00€ an diese Detektei überweisen, was ich leider tat. Ich habe danach weder vernünftige Hinweise bekommen, noch das was wir besprochen haben, einfach nichts. Dafür hatte ich aber 1600,00€ in den Sand gesetzt, weil ich so große Hoffnungen in die Unterstützung dieser Detektei gesetzt habe. Das war das erste und das letzte Mal, dass ich eine Detektei beauftragen wollte, meine Tochter zu suchen. Außerdem war mein gesamtes erspartes Geld dafür drauf gegangen. Ich hätte mir keine Detektei mehr leisten können. Das war mir eine unfreiwillige Lehre. Meine Suche musste weiter gehen! Meine Suche sollte vorwärts gehen, aber der miese Betrug der Detektei, der ich vertraute und dafür 1600,00€ verloren habe, lag mir schwer im Magen! Ich nächste noch intensiver überprüfen müssen, ob eine Detektei überhaupt befugt ist, bei einer Inkognito - Adoption, eine Person zu suchen. Ich hörte mich um und recherchierte weiter, denn ich brauchte nicht nur die Unterstützung von den Jugendämtern, sondern ich wollte meine Suche weiter unter eigener Kontrolle haben. ich vertraute nach meinen negativen Erlebnissen keinem Jugendamt Mitarbeiter, auch wenn er/sie noch so bemüht war, eine Herkunftsmutter zu unterstützen, die Jahrzehntelang nach ihrem Kind sucht. Ich bemühte mich zu vertrauen, aber das war ein weiter Weg und ist auch nur verbessert worden durch die Zuverlässigkeit der Jugendamt Mitarbeiterin aus Westdeutschland! Leider konnte sie mir aber nur bedingte Auskünfte geben, um § 1758 nicht zu verletzen! Es dauerte mir alles zu lange, ständig das Warten auf das, was ich mir seit Jahrzehnten wünschte?! Ich wollte selber etwas tun, wie auch die Jahre davor, denn meine eigenen Recherchen haben mich meinem Ziel, meine Tochter zu finden, nach jeder Recherche, die positiv verlaufen ist, auch ein Stück nähergebracht. Der Anteil der bisher kontaktierten Jugendamt Mitarbeiter war dagegen eher winzig klein! Die Auskünfte, oder Belehrungen über das Personenstandsgesetz und §1758, haben viel Zeit in Anspruch genommen und es hätte nie zu meinem Ziel geführt. Also, selbst ist die Frau und Herkunftsmutter, packen wir es an! Da kam mir wieder eine Idee, von der ich schon öfter gehört und auch gelesen hatte. Ich kontaktierte einen offiziellen Suchdienst! Ich schrieb das Antragsformular und wartete dann geduldig auf die Antwort! Ich hoffte auf nicht zu viele Fragen. Ich gab dem Suchdienst den gesuchten

Namen - Geburtsdatum und Adresse und das war es auch schon! Dann kam das große warten und hoffen, denn auch ein Suchdienst kann leider nicht zaubern! Es dauerte 14 lange Tage, bis ich Post im Briefkasten von dem Suchdienst hatte. Endlich dachte ich und die Aufregung stieg mir mit Röte ins Gesicht. Mir wurde heiß und ich traute mich nicht diesen ersehnten Brief vom Suchdienst zu öffnen. Ich legte den Brief auf den Wohnzimmer Tisch und starrte ihn minutenlang an. Was mag dort geschrieben stehen?! Ist es positiv oder negativ? Ich schaute wie gebannt auf diesen Brief! Egal, dachte ich entweder, oder und ich öffnete den Brief. Nein, oder, das ist doch nicht wahr. Ich konnte es nicht glauben, was dort auf dem Papier stand, von einer Behörde. Die gesuchte Person wurde eindeutig identifiziert! Anbei war noch ein Brief von dem beauftragten Suchdienst, der das Geburtsdatum der gesuchten Person nochmal bestätigte. Es gab keinen Zweifel mehr! Name - Adresse und das Geburtsdatum 16.09.1973 wurden zu dieser Person eindeutig identifiziert. Da mein Vertrauen im Keller war, blieb ich wie immer skeptisch. Sollte es so einfach sein, das konnte ich mir überhaupt nicht vorstellen. Aber es wäre ein Traum gewesen, wenn es so einfach gewesen wäre! Ich habe alle Fakten auf dem Tisch gehabt und trotzdem musste ich mich sofort noch einmal telefonisch bei dem Suchdienst und der zuständigen Behörde versichern. Es war die von mir gesuchte Person mit Name - Geburtsdatum und Adresse! Zu 100% eindeutig identifiziert. Alle Daten wurden von der Behörde korrekt ausgewertet und es gab keinen Fehler. Auch der Suchdienst bestätigte mir mehrmals, dass es an dem Behördlichen Ergebnis keine Zweifel gibt und sie haben mir auch genau erklärt, warum diese Zweifel von der Behörde von Anfang an der Suche eingegrenzt wird. Zum Beispiel gibt es 3 Personen mit demselben Vor - oder Nachnamen! Es kann auch sein, dass Personen mit gleichem Namen und derselben Adresse im Register stehen. Darum ist es sehr wichtig, um das es nicht zu Fehlermeldungen kommt, das Geburtsdatum der gesuchten Person anzugeben. Wenn alle 3 Merkmale übereinstimmen - Name - Geburtsdatum und Adresse, dann ist die gesuchte Person eindeutig identifiziert. Stimmen dagegen nur 2 Merkmale überein, z.B. Name und Adresse und das Geburtsdatum nicht, dann ist die gesuchte Person nicht eindeutig identifiziert und es steht dann auch auf dem behördlichen Nachweis so geschrieben. Bei meiner gesuchten Person stimmten alle 3 Merkmale überein und darum wurde die Person eindeutig identifiziert. Wunderbar! Das war die beste Nachricht, die ich nach Jahrzehntelanger Suche von diesem Suchdienst bekommen habe. Ich muss zugeben, dass ich das auch nicht wusste, bis ich innerhalb meiner Suche damit konfrontiert wurde. Ich war so sehr glücklich, dass ich diesen zuverlässigen Suchdienst kontaktiert hatte! Aber es sollte anders kommen, als ich dachte! Nachdem die Suche des Suchdienstes Erfolg hatte, wurde die gesuchte Person kontaktiert.

Ich schrieb einen persönlichen Brief und erklärte darin, warum ich einen Suchdienst eingeschaltet habe, in der großen Hoffnung, dass dieses positive Ergebnis auch sie freuen würde. Die Mitarbeiterin von dem Suchdienst machte mich darauf aufmerksam, dass es sehr lange dauern könnte, bis sich die gesuchte Person zurückmeldet. Manchmal meldet sich die gesuchte Person auch überhaupt nie, weil sie keinen Kontakt will, oder noch Zeit bis zur ersten Kontaktaufnahme braucht. Wir mussten nun in Ruhe abwarten! Es vergingen 1 Woche - 2 Wochen - 3 Wochen und dann hatte ich einen dicken Brief von dem Suchdienst in meinem Briefkasten. Voller Vorfreude und guten Mutes öffnete ich diesen ersehnten Brief von dem Suchdienst. Ich traute meinen Augen nicht! Es war ein böser Brief von der gesuchten Person, von einem eingeschalteten Rechtsanwalt. Er drohte mir mit einer Unterlassungsklage, wenn ich die gesuchte Person nicht sofort in Ruhe lasse, oder über 3 Personen ausforschen lasse. Da klingelte doch mal wieder § 1758, der nur bei einer Inkognito - Adoption zum Tragen kommt, bei mir an. So, das war es dann wohl! Damit signalisierte sie mir ganz deutlich, dass sie keinen Kontakt zu mir wünscht. Ich verstand die Welt nicht mehr, denn ich suchte meine Tochter und wollte meine Tochter von ganzem Herzen kennenlernen. Nun wurde ich von fremden Personen behandelt, wie ein Verbrecher, das ging entschieden zu weit. Ich war wütend - enttäuscht und unsagbar traurig. Das war für mich wie mit Kanonen auf Spatzen schießen, denn ich wollte niemanden etwas Böses, außer meine Tochter suchen und finden. Für mich ist in diesem Moment eine Welt zusammengebrochen, warum?! Ich habe sofort den Suchdienst angerufen und gefragt, ob sie auch so einen bösen Brief von dem Rechtsanwalt, der Gesuchten bekommen haben?! Die Mitarbeiterin des Suchdienstes meinte, dass so etwas auch vorkommen kann, aber eher sehr selten. Der größte Teil der vermissten Personen freuen sich über Kontakte! Sie bestätigte mir dann auch, dass sie auch einen Brief von dem Rechtsanwalt erhalten haben und eine Untersagung weiter in der Richtung der gesuchten Person zu forschen - Ausforschungsverbot auch gegenüber 3 Personen nach § 1758, bei Inkognito - Adoptionen! Sie würgte mich nun auch am Telefon ab und sagte! Wir können ihnen leider nicht mehr weiterhelfen. Zum Glück hatten sie mir geholfen und der Rechtsanwalt war mir relativ egal. Er handelte nach § 1758 und das ist seine Pflicht, wenn ein adoptierter Mensch, keinen Kontakt zu seiner Herkunftsfamilie haben möchte. Ich muss ehrlich sagen, dass ich vor lauter Enttäuschung überhaupt nicht mehr wollte, dass die gesuchte Person, das Geburtsdatum meiner Tochter haben sollte. Warum hat sie nicht mit mir geredet? Ich finde es nicht richtig, solche Geschütze gegen eine Mutter zu gebrauchen, die nur ihr Kind kennenlernen möchte. Aber der Ärger sollte sich noch zuspitzen! Nicht nur, dass mir ein fremder Rechtsanwalt mit einer Unterlassungsklage drohte und meinen Suchdienst damit ausschaltete, nein es ging noch krasser gegen mich und die Suche nach meiner Tochter. Der Vater meiner Kinder meldete sich telefonisch nie bei mir! Ich kam kaum zu Wort, da er mir nonstop in mein Ohr brüllte. Ich hätte behauptet, seine Familie hat unsere Tochter adoptiert. Das habe ich nie behauptet und mit diesem Satz und vielen anderen unüberlegten Sätzen, haben sie ganz alleine den Fokus meiner Suche auf sich gelenkt. Außerdem wusste ich es schon aus Erzählungen meiner ehemaligen Schwiegermutter und meiner Mutter, wohin meine Tochter wahrscheinlich Inkognito adoptiert worden ist. Aber es sollte noch schärfer werden! Es reichte wohl der sauberen Familie aus Westdeutschland nicht aus, einen Rechtsanwalt gegen die Suche nach meiner Tochter einzuschalten, nein dann sollte mir noch der Vater der Kinder in mein Gewissen reden mit lautstarker Stimme und frechen Beleidigungen zu meiner Person. Ich fragte mich, warum wird so ein Theater um eine Frau in der Familie aus Westdeutschland gemacht, wenn ich doch nur meine Tochter suche und warum wird mir mit einer Unterlassungsklage gedroht, wenn es sich nicht um meine gesuchte Tochter handelt?! Fragezeichen über Fragezeichen pflasterten meinen Weg. Wenn es dann nicht meine Tochter ist, warum greifen mich alle aus Westdeutschland/Familie des leiblichen Vaters verbal an. Es war noch nicht vorbei, denn die Familie aus Westdeutschland rief mich sogar noch unverschämt persönlich an. Was ich da, von einer mir bekannten

Person zu hören bekam, wunderte mich doch sehr. Mit zitternder Stimme beteuerte sie immer wieder, dass es ihre Tochter ist und dass sie, sie bekommen hat! Dann klärte ich sie in dem Gespräch auf, was ich schon seit Jahren für Informationen darüber habe und dass ich niemals behaupten würde, dass die Frau meine Tochter wäre. Ich suche meine Tochter und der Weg führte mich auch zu ihr! Am anderen Ende des Telefonhörers wurde es sehr still! Ich wartete ab und hoffte auf die Wahrheit! Diese Stille am anderen Ende des Telefons war mir unheimlich. Ich dachte, was ist los und warum überlegt die Verwandte aus Westdeutschland so sehr lange? Dann merkte ich, wie sie überlegte, danach dann unsicher und schnippisch zu mir sagte: Und genauso hat dir meine Tante das erzählt, dass deine Tochter nach der Geburt zu uns gekommen ist und wir sie adoptiert haben?! Ich sagte mit sicherer Stimme - Ja! Sie schwieg kurz und versuchte dann mit mir zu kommunizieren. Ich verstand die Welt nicht mehr? Wir sind Alle erwachsene Menschen und was geschehen ist, konnte niemand mehr rückgängig machen und darum setzte ich auch voraus, dass wir ehrlich miteinander reden könnten. Egal wie die Umstände sind, oder waren. Ich wollte es genau wissen, ob es ihre leibliche Tochter ist und fragte sie freundlich, ob sie mir bitte die Geburtsurkunde ihrer Tochter senden könnte, oder auch über einen Rechtsanwalt zukommen lassen würde, dann wäre das Problem, aus der Welt und wir alle könnten wieder ruhig schlafen! Ich ging davon aus, dass wenn es ihre leibliche Tochter ist, es auch kein Problem darstellte, mir ihre Geburtsurkunde zu zeigen. Auf einer Geburtsurkunde stehen die leiblichen Eltern, wo das Kind geboren ist und z.B. in welcher Geburtsklinik! Wenn ein Kind adoptiert wurde existiert keine Geburtsurkunde, sondern nur ein Familienstammbuch Eintrag, bei den Adoptiveltern. Natürlich, zum Wohle des Kindes?! Diese Unterlagen haben nichts mit der Realität zu tun und das Adoptierte Kind wächst mit einer Lebenslüge auf! Ob das wirklich zum Wohle eines adoptierten Kindes ist, finde ich äußerst fraglich?! Ich glaube, dass die Adoptiveltern zu ängstlich sind, ihrem Kind zu sagen, dass es nur vor dem Adoptionsgesetz ihr Kind ist, aber das es eine Herkunftsfamilie hat und eine Mutter, die sie, oder ihn geboren hat. Das wäre fair allen Herkunftseltern gegenüber, ohne diese Mütter hättet ihr nicht diese wunderbaren Kinder an eurer Seite und könntet sie nicht eure Kinder nennen! Herkunftsfamilien haben den größten Respekt von den Adoptiveltern verdient und nicht das ihr ihre Herkunftseltern, wie Feinde behandelt. Adoptierte Kinder haben 2 Familien! Ihre Herkunftsfamilie und ihre Adoptivfamilie. Respektiert und akzeptiert euch gegenseitig und zieht an einem Strang, zum Wohle eures Kindes. Dann braucht es auch keine Sperrvermerke zu geben, die den Herkunftseltern das Leben zur Hölle machen. Lasst sie an dem Leben ihrer geborenen Kinder teilhaben und grenzt sie nicht für immer aus dem Leben eurer Adoptivkinder aus, denn ihr liebt sie doch beide!

Dieser Adoptionsweg wäre für alle Beteiligten, die menschlichste Lösung und zum Wohle des adoptierten Kindes. Wie sagt man Blut ist dicker, als Wasser und Familie bleibt Familie! Wenn Menschen miteinander und nicht ständig aus Neid und Eifersucht gegeneinander arbeiten würden, dann wären die Adoptionsgesetze etwas leichter für die Herkunftseltern und zum Wohle der adoptierten Kinder! Neid und Eifersucht, ist kein guter Ratgeber! Herz und Liebe, ist zum Wohle des adoptierten Kindes! Wenn man sein adoptiertes Kind von ganzem Herzen liebt, dann akzeptiert man auch seine Herkunftsfamilie, die ihr Familienmitglied auch sehr lieben und vermissen. Egal, was für Umstände zu einer Adoption geführt haben. Jede Herkunftsfamilie liebt ihr Kind und Familienmitglied und dieser Kontakt sollte, wenn es gewünscht wird, von der Adoptivfamilie - Ämtern und Behörden gefördert und unterstützt werden, anstatt so wie ich es kennenlernen musste ignoriert und zur Seite geschoben zu werden. Auf meine zahlreichen E-Mails an Ämter und Behörden habe ich nur Sperrvermerke kennengelernt und Ablehnungen, als Unterstützung, die mir wirklich geholfen hätte, meine geliebte Tochter kennenzulernen, traurig! Ich wollte hier nochmal erwähnen, dass mir die Verwandte aus Westdeutschland keine Geburtsurkunde ihrer Tochter sendete, auch nicht über einen Rechtsanwalt! Ich kann nur dazu sagen! Wenn ich in derselben Situation gewesen wäre, dass jemand denkt, ich habe sein Kind adoptiert, dann würde ich ohne darüber nach zu denken sofort helfen und die Geburtsurkunde meines leiblichen Kindes vorzeigen. Wo war dort, das Problem, wenn man nichts zu verbergen hat, oder etwas im Verborgenen weiß! Mir war nach diesem Gespräch klar, dass ich von dieser Familie keine Hilfe erwarten konnte. Menschen die nur an sich denken und an ihre Vorteile im Leben interessieren sich nicht für Herkunftseltern! Zum Glück hatte ich Fakten und das hatte ich nur meinen Jahrelangen eigenen Recherchen zu verdanken! Ich war zufrieden mit mir und dass ich soweit auf meinem Weg der Suche nach meiner Tochter gekommen war. Für mich war es eher Schicksalsfügungen, wenn ich Menschen getroffen habe, die mir ohne Wenn und Aber, eine Antwort auf meine Fragen gaben und denen bin ich heute sehr dankbar. Ich glaube viele Menschen, denen ich auf der Suche nach meiner Tochter begegnet bin, haben gefühlt wie verzweifelt ich war und mich unterstützt! Warum haben sie mich unterstützt? Weil ich nichts Böses im Schilde führte, sondern nur mein unfreiwillig zur Adoption freigegebenes Kind, kennenlernen wollte, um ihr zu sagen, dass ich/wir sie an keinem Tag vergessen haben und am 16.09. eines jeden Jahres zu ihrem Geburtstag, eine Kerze nur für sie angezündet haben! Das war jahrzehntelang mein Ziel, mein Kind zu suchen, um ihr das zu sagen und ihr die Umstände, die zu ihrer Adoption geführt haben, zu erzählen! Das war und ist mein Ziel! Wenn da nicht die unzähligen Inkognito - Adoption Sperrvermerke nach § 1758 wären, die mir bei meiner Suche stets und ständig

Felsbrocken in den Weg legen würden. Durch Aktionen, wie Rechtsanwälte einschalten nach § 1758 Ausforschungsverbot, auch über 3 Personen, sollte meine Suche ausgeschaltet werden, aber wo lag mein Vergehen?! Ich suchte meine Tochter, die mir mit 15 Jahren unfreiwillig vom Jugendamt in Berlin Neukölln und der Familie des leiblichen Vaters sofort nach der Geburt weggerissen wurde und für mich gesehen, nach Westdeutschland zu ihrer Verwandtschaft verschleppt wurde. Sie ist meine Tochter! Ich hätte keines meiner Kinder in fremde Obhut gegeben. Auch wenn ich erst 15 Jahre bei der Geburt, am 16.09.1973 war, ich war verantwortungsbewusst genug und meine Familie wollte mich unterstützen. Diese Entscheidung wurde zu Gunsten des leiblichen Vaters von seiner Familie entschieden und er hat nie für seine kleine Tochter gekämpft, bis zum heutigen Tage! Er stellt sich lieber auf die andere Seite und zeigte drohend mit dem Finger auf mich?! Sie haben uns unser unsere Tochter genommen. Wie kann man mit so einer Schuld leben?! Ich habe sie geboren und alle haben mich in diesen schweren Stunden alleine gelassen, aber ich bin aufgestanden und suchte weiter! Mein Mutterherz führte mich weiter, bis an mein Ziel! Liebe ist stärker, als eure Sperrvermerke Adoptionsgesetze und § 1758. Und trotzdem muss ich zugeben, dass diese Gesetze Kraftraubend und äußerst nervig sind! Sie wollen die Herkunftseltern in die Knie zwingen, die Suche nach ihren adoptierten Kindern aufzugeben! Wenn sich jeder, der sein Kind sucht darüber bewusst ist, dann verschwendet er/sie nicht seine Kraft an diese Gesetze, sondern fokussiert seine positiven Energien in die Suche. Es war bis zum heutigen Tag kein Spaziergang, meine Tochter zu suchen, aber mein Rezept war, nicht aufzugeben, für meine Tochter, die nicht mit einer Lebenslüge leben sollte. Denn jeder Mensch auf dieser Erde hat ein Recht darauf, seine Herkunft und seine Wurzeln zu kennen. So langsam hatte es die Runde, auch bei den Zentralen Adoptionsstellen gemacht, das ich aufgrund meiner Suche, einen bösen Brief nach § 1758 Ausforschungsverbot auch gegenüber 3 Personen, wie Suchdienste und andere Behörden, von dem Rechtsanwalt der vom Suchdienst kontaktierten Frau erhalten hatte. Meine Gedanken waren dazu! Wenn sie nichts damit zu tun hat, warum macht sich diese Familie so viele Umstände, um mich fern zu halten?! An den Zufall glaubte ich in diesem Fall nicht. Viel hilft nicht viel, sondern macht verdächtig! Den Satz in dem Schreiben von diesem Rechtsanwalt habe ich mir besonders gemerkt. Dort steht geschrieben! Auch wenn es sich nicht um ihre gesuchte Tochter handelt, möchten wir sie bitten, die Familie aus Westdeutschland nicht mehr zu kontaktieren, weil sie Unruhe in ihr Leben bringen?! Frage: Wie kann ich Unruhe in ein Leben bringen, wenn keine Verbindung besteht? Ausgedachter Quatsch, um § 1758 schön zu reden. Warum schaltet die Familie überhaupt gegen mich einen Rechtsanwalt ein, wenn ja da nichts ist, was mit meiner Suche zu tun hat, komischer Zufall, oder! Ganz ehrlich? Für wie dumm haltet ihr mich! Ich bin keine 15 Jahre mehr, sondern eine erwachsene Frau, die seit 1991 von Beruf Familien und Sozialtherapeutin ist! Aber auch, wenn ich keinen sozialen Beruf hätte, würde ich meine Tochter suchen, weil ich, wie jede Herkunftsmutter, ein Mutterherz habe und das ist es, was uns alle, die ihre Kinder suchen, auch zum Ziel führt. Herz und Verstand, sind das wichtigste bei der Suche nach seinem adoptierten Kind, um das Ziel zu erreichen! Wenn ich vor dem freundlichen Rechtsanwalt Brief meine Recherchen noch nicht beendet hätte, dann wäre es bestimmt etwas komplizierter geworden, aber das war der Sinn darin! Kommt Zeit, kommt Rat! Ich war mit meinen Recherchen zufrieden und nur darauf kam es mir an! Die anderen fragten auch nicht nach mir, oder unterstützten mich bei meiner Suche. Ich war ein Einzelkämpfer mit Zufallsinformationen, die mir keiner wirklich geben wollte. Der Weg ist das Ziel! Aber auch ich bin nur ein Mensch und wollte erst einmal ein paar Monate eine Ruhepause einlegen und mich nach diesen negativen Erlebnissen, neu sammeln, um zu überlegen, ob meine Suche nun beendet ist, oder ob da noch etwas zu erledigen wäre! Egal, ich brauchte Ruhe und Zeit für andere Dinge! Bitte, den Satz, ich brauchte Zeit für andere Dinge im Leben nicht verkehrt verstehen, aber diese Jahrzehntelange Suche nach meiner geliebten Tochter, ist auch kraftraubend. Vor allen Dingen, wenn diese negativen Dinge, wie böse Briefe von

Rechtsanwälten der Gegenseite einen Menschen zu erschlagen drohen mit ihrem § 1758. dann braucht man ersteimal Ruhe, um die Kraft zu aktivieren, weiter zu suchen und nicht aufzugeben. Das ist leider nicht immer so einfach, wenn einem ständig Steine in den Weg von allen Beteiligten gelegt werden! Nach einigen Monaten hatte ich wieder neue Kraft gesammelt und dachte darüber nach, was mein nächster Schritt wäre. Ich dachte aber auch an § 1758, der zu beachten war. Ich war gerade in meine Gedanken vertieft, da läutete mein Telefon und wer war dran? Die Zentrale Adoptionsstelle aus Westdeutschland! Ich war etwas wortkarg und wollte zuerst einmal abwarten, was die freundliche Mitarbeiterin mir zu verkünden hatte. Sie fragte mich, ob ich vor einigen Monaten auch einen Brief von einem Rechtsanwalt der Frau C. erhalten habe? Ohne große Umschweife holte ich das Schreiben von dem Rechtsanwalt und habe ihn der Mitarbeiterin von der Zentralen Adoptionsstelle aus Westdeutschland vorgelesen. Sie höre, wie so oft zuvor, nur andächtig meinen Worten zu. Dann sagte sie zu mir, dazu würde ich nun gerne Stellung nehmen, denn ich habe einen Anruf von Frau C. erhalten. Ich hatte ein sehr langes Gespräch mit Frau C. und ich sollte ihnen sagen, das was man ihnen als 15-Jähriges Mädchen angetan hat, ist ganz furchtbar und es ihr sehr Leid tut. Es wurde in ihrer Familie auch niemals darüber gesprochen. Wenn es so wäre, dann würde sie mit einer Lebenslüge über Jahrzehnte gelebt haben und das wäre sehr schwer zu verkraften und sie braucht jetzt ihre Ruhe! So wurde es dann in der Akte von der Zentralen Adoptionsstelle aus Westdeutschland vermerkt. Ich musste das zur Kenntnis nehmen und damit war vorerst das Gespräch mit der Mitarbeiterin der Zentralen Adoptionsstelle beendet. Ich bedankte mich für die Informationen und war auch enttäuscht, über diese Reaktion, auf meine Jahrzehntelange Suche, nach meinem Kind! Ich suchte nach dem Sinn meiner Suche, denn das war weder ein ja, noch ein nein, ob ich meine Tochter gefunden habe. Mir wurde im Laufe meiner Suche von einer sehr weisen Frau gesagt. Sie werden nie genau herausfinden, ob es ihre Tochter ist oder nicht, § 1758. Aber ich gebe ihnen einen guten Rat! Hören sie auf ihr Mutterherz, denn das belügt sie nie! Mein Mutterherz sagte mir, das ich meine Tochter längst gefunden habe! Und das schon Jahre vor meiner intensiven Suche nach ihr. Denn ich habe durch das Schicksal so viele Hinweise, die zu meiner Tochter führten erhalten, dass ich mir ganz sicher war. Aber Gefühle reichen leider allein nicht aus, um das auch zu beweisen und darum sammelte ich über Jahrzehntelang schriftliche Hinweise, die zu meiner Tochter führten. Ein Puzzle, wo Teil um Teil zusammengefügt wurde, bis ein Bild entsteht. Mein Bild war leider noch nicht vollkommen, weil hier und da noch Puzzle Teilchen fehlten. Manches passte und manches passte noch nicht in mein Puzzle Bild! So ging meine Suche wieder weiter, um weitere Hinweise, die zu meiner Tochter führten, ausfindig zu machen. Die Mitarbeiterin von der Zentralen

Adoptionsstelle gab mir dann den Hinweis, nochmal die Zentrale Adoptionsstelle in Berlin zu kontaktieren. Eventuell sind sie mit ihren Recherchen nach meiner Tochter auch schon weitergekommen? Das war eher ein rotes Tuch für mich, da ich mich vor Jahren dort gemeldet hatte. Ich habe dort persönlich vorgesprochen und die Mitarbeiterin wollte sich bei mir melden und das war Jahre her. Wie sollte ich diesen Mitarbeitern der Zentralen Adoptivstelle aus Berlin vertrauen, wenn sie sich nicht an Absprachen mit Herkunftseltern halten und nicht mal für nötig halten Bescheid zu geben, ob die Suche erfolgreich war, oder nicht. Wenn bei einer Inkognito Adoption der § 1758 immer dazwischenstehen wird, kann man ehrlich mit den Herkunftseltern umgehen und ihnen keine falschen Hoffnungen machen, dass er/sie Auskunft bekommen würde. Ich war schon, durch meine Jahrzehntelange Suche nach meinem Kind genervt von dem § 1758. Ich brauchte Zeit, um mir zu überlegen, ob ich das will. Was wusste diese Mitarbeiterin aus Westdeutschland schon darüber, wo ich überall um Hilfe gebeten habe, mich bei meiner Suche zu unterstützen. Ich hatte genug gebettelt und höflich gefragt bei den Ämtern und Behörden, aber sie haben sich ständig herausgeredet, oder haben andere Mitarbeiter an ihr Behörden Telefon geschickt, wenn ich unbequeme Fragen gestellt habe. Irgendwann hat man als Herkunftsmutter keine Lust mehr, für keine Auskunft auch noch danke zu sagen. Ist doch zu verstehen, liebe

Herkunftseltern?! Auch als Herkunftsmutter/Familie kann man sich nicht nur vor den Ämtern und Behörden beugen und ständig darum betteln, dass man Unterstützung bekommt. Warum wird diese Unterstützung nur den Adoptierten angeboten? Als Herkunftsfamilie traut man sich überhaupt nicht, die zentralen Adoptionsstellen zu kontaktieren, weil da schon auf ihren Internetseiten freundlich hingewiesen wird, das sie Adoptierte die ihre Herkunftsfamilien suchen, gerne unterstützen und auch gerne versuchen, wenn der/die Adoptierte es wünscht, die Herkunftsfamilie zu kontaktieren und den Kontakt, wenn dieser zustande kommen sollte, gerne zu begleiten und psychologisch unterstützen. Für die Herkunftsfamilien bleibt entweder kein Raum, oder nur sehr wenig Möglichkeiten unterstützt zu werden! Natürlich bekommen auch Herkunftsfamilien Unterstützung, von den Zentralen Adoptionsstellen? Sagen wir es so! Ich rufe bei der Zentralen Adoptionsstelle, als Herkunftsmutter an und erzähle den Mitarbeitern, dass ich meine Tochter Jahrzehntelang schon suche und ihre Unterstützung benötige, weil ich nicht in die Akten einsehen darf. Die Adoptierten dürfen in die Adoptionsakten einsehen, wenn diese ihre Herkunftsfamilie kennenlernen wollen. Eine Herkunftsfamilie darf überhaupt nichts, außer auf eine Einzelfallentscheidung des gnädigen Mitarbeiters zu hoffen, der sich dieser Geschichte annimmt. Vielleicht entscheidet er/sie dann, die Herkunftsfamilie bei ihrer

Suche zu unterstützen?! Das könnte Jahre dauern, wie es bei mir der Fall war. Warum? Inkognito - Adoption, nach § 1758. Die Inkognito - Adoption ist die schlimmste Form von Adoptionen! Leider durfte ich nicht wählerisch sein! Auch wenn ich über Jahrzehntelang alleine nach meinem Kind recherchierte, brauchte ich die Unterstützung der Zentralen Adoptionsstellen und das waren für mich 2 Ansprechpartner. Ich bin in meiner Jahrelangen Suche immer wieder an Grenzen gestoßen, wo ich nicht weiter gehen konnte, ohne mit dem § 1758 in Konflikt zu kommen. Detekteien und Suchdienste, konnte ich auch nur bedingt zur Unterstützung meiner Suche einsetzen. Und nach dem mir der Rechtsanwalt mit § 1758 gedroht hatte, waren die Türen zu. Bei aller Liebe zu meiner Tochter, aber ich habe mir Zeit meines Lebens nichts zu Schulden kommen lassen und wollte nicht unschuldig, wegen § 1758 angezeigt werden. Ich wollte den legalen Weg gehen, meine Tochter zu suchen und hoffentlich auch so zu finden! Das war meine größte Hoffnung, denn mein Mutterherz musste seit der Geburt meiner Kinder am 16.09.1973 in Berlin - Neukölln unsagbar leiden. Ich dachte nochmal darüber nach, was mir die freundliche Mitarbeiterin, der Zentralen Adoptionsstelle in Westdeutschland geraten hatte. Sie war auch so nett und sendete mir alle wichtigen Kontaktdaten von der Zentralen Adoptionsstelle in Berlin. Ich sträubte mich noch innerlich dagegen, die Zentrale Adoptionsstelle in Berlin zu kontaktieren, da ich dort vor einigen Jahren persönlich vorgesprochen hatte und niemand sich um meine Suche, oder eine Kontaktaufnahme zu meiner Tochter kümmerte. Es wurde sich einfach nicht mehr gemeldet und meine Anfrage zur Suche nach meiner Tochter behördlich ignoriert. Damit musste ich leider immer wieder klarkommen! Auch wenn die Adoptionsgesetze und bei einer Inkognito - Adoption § 1758 dazwischen steht, sollten die Mitarbeiter ehrlich bleiben und einer Herkunftsmutter/Familie nicht über Jahre falsche Hoffnungen machen, das geliebte Kind durch eine Kontaktaufnahme über die Zentralen Adoptionsstellen kennenlernen zu dürfen. Ich hatte nie Ansprüche an meine Tochter angemeldet, weil ich sie geboren habe, sondern mein Mutterherz wollte nur sein Kind kennenlernen, was mir nach seiner Geburt grausam entrissen wurde, vom Jugendamt in Berlin - Neukölln. Am nächsten Tag war es dann soweit! Ich hatte mich entschieden, die Zentrale Adoptionsstelle In Berlin zu kontaktieren, auch wenn ich mir nichts davon versprochen habe. Aber die Zeiten haben sich geändert und nun hatte ich nicht nur den Grund, meine Tochter zu finden, sondern noch einen Grund, der im Grundgesetz verankert ist. Ich war gespannt auf die Reaktion der Mitarbeiter der Zentralen Adoptionsstelle, wenn ich sie mit dem Grundgesetz der Adoptionsgesetze konfrontiere. Ich war mir aber nicht sicher, ob sie schon darüber Bescheid wussten, denn der Zentralen Adoptionsstelle in

Westdeutschland hatte ich schon über meine neuen Erkenntnisse Bescheid gegeben. Ich überlegte noch, ob ich die Anfrage bei der Zentralen Adoptionsstelle in Berlin schriftlich per E-Mail stelle, oder ob ich sie lieber persönlich telefonisch kontaktierte?! Ich entschied mich für einen persönlichen Anruf! Die erste Mitarbeiterin, von ihr hatte ich die Kontaktdaten bekommen, von der Zentralen Adoptionsstelle in Westdeutschland, war telefonisch nicht zu erreichen. Ich wollte mich damit nicht zufriedengeben, da dort an diesem Tag offizielle Sprechstunde war und ich hatte in dieser Zeit auch dort angerufen. Ich suchte mir eine andere Mitarbeiterin aus der Kontaktliste über das Internet, von der Zentralen Adoptionsstelle in Berlin heraus und ich hatte Glück! Dort kam eine sehr freundliche Mitarbeiterin an das Telefon! Ich stellte mich vor und fragte vorsichtig nach, ob ihr die Mitarbeiterin von der Zentralen Adoptionsstelle aus Westdeutschland bekannt ist? Als Antwort gab sie mir ein JA. Dann konnte ich frei erzählen und sie hörte mir aufmerksam zu. Dann erzählte ich ihr von der Humangenetischen Untersuchung in der Familie und das es im Grundgesetz der Adoption geschrieben steht, dass ein adoptiertes Kind davon erfahren muss, weil es seine/ihre Wurzeln sind! Dann tritt auch § 1758 bei einer Inkognito - Adoption außer Kraft, weil es um die Herkunft des adoptierten Kindes geht. Das wären dann auch wieder Einzelfallentscheidungen, der Zentralen Adoptionsstellen. Ich glaube, wenn die Begründung nicht so wichtig gewesen wäre, dass meine Tochter dringend davon erfahren muss, dann hätte ich mir nochmal überlegt, die Zentrale Adoptionsstelle von Berlin zum 2-mal zu kontaktieren. Aber in diesem Fall war es meine Pflicht, meiner Tochter gegenüber, denn ob adoptiert, oder nicht, sie hat unsere Herkunftswurzeln! Das haben auch die Zentralen Adoptionsstellen sofort gesehen und mir angeboten mich zu unterstützen, dass meine Tochter davon erfährt! Dann musste ich einige wichtige Unterlagen an die Zentrale Adoptionsstelle in Berlin auf dem Postweg senden. Dann musste ich wieder viel Geduld beweisen, aber das Warten war ich ja Jahrzehntelang gewohnt. Nach 10 Tagen Wartezeit wurde ich langsam unruhig, weil ich mich fragte, was daran so lange dauerte ein paar Erkundigungen einzuholen?! Ich setzte mich an meinen PC und schrieb der freundlichen Mitarbeiterin von der Zentralen Adoptionsstelle in Berlin eine Nachricht in der ich anfragte, ob sie mir etwas zu meiner Anfrage sagen könnte. In relativ kurzer Zeit, kam von dieser Mitarbeiterin eine freundliche, aber sehr kurze E-Mail zurück, mit den Worten - Leider kann ich ihnen noch keine neue Mitteilung schreiben! Ich melde mich bei ihnen, wenn ich Bescheid bekommen habe. Ich dachte, das ist ja ein super Bescheid an mich, ohne Information, wo nachgefragt oder warum nachgefragt wurde? Das war für mich keine Antwort! Nun musste ich wieder endlose Tage und Wochen warten! Nichts passierte und ich ahnte nichts Gutes! Nach 14 Tagen rief ich die

Mitarbeiterin, der Zentralen Adoptionsstelle in Berlin an und hoffte, dass sie an ihr Telefon geht. Keine Reaktion auf meinen Anruf! Die Enttäuschung und das Misstrauen gegenüber der Behörde stieg in mir hoch und ich erinnerte mich an die Jahre davor, wo mich die Mitarbeiterin dieser Zentralen Adoptionsstelle buchstäblich im Regen mit meinen Anliegen an sie, mich bei der Suche nach meiner Tochter zu unterstützen stehen ließ und sich nie wieder bei mir meldete! Das war es dann wieder, dachte ich! 10 Minuten später am selben Tag versuchte ich es nochmal mit einem Telefonanruf bei der Mitarbeiterin und siehe da ein Wunder geschah, aber es war nicht diese Mitarbeiterin! Es war eine andere freundliche Kollegin an ihrem Platz unter ihrer Telefonnummer zu erreichen. Ich glaubte es nicht, was haben die vor, fragte ich mich?! Die Kollegin ist heute nicht mehr im Hause sagte die Kollegin der Mitarbeiterin, die für mein Anliegen zuständig war. ich bedankte mich und hätte weinen können, fragte mich was nun wieder los ist, dass ich scheinbar keine Auskunft mehr bekomme. Ich wollte mir dieses Vorgehen nicht schon wieder gefallen lassen, denn mein Anliegen steht im Grundgesetz der Adoptionsgesetze und auf das werde ich mich berufen. Meine Tochter muss von meinem wichtigen Anliegen erfahren! Ich ließ nicht locker und habe am nächsten Tag sofort wieder bei der Zentralen Adoptionsstelle in Berlin angerufen, unter der selber Telefonnummer, um die Mitarbeiterin zu erreichen, die für mein Anliegen zuständig war. Ich war erleichtert, denn die Mitarbeiterin war am Telefon! Ich bemerkte sofort, dass sich ihr Verhalten mir gegenüber komplett verändert hatte, seitdem sie Nachforschungen beauftragt hatte, um meine Tochter zu finden. davor konnten wir uns frei und ungezwungen unterhalten, dennoch sagte sie mir von Anfang an unsere Gespräche, das wenn sie bei ihren Nachforschungen auf meine Tochter treffen sollte und es sich um eine Inkognito - Adoption handelte, sie mir leider keine Auskunft darüber geben darf! Da war er wieder! Wie ein Mahnzeichen stand er vor meinem geistigen Auge § 1758. Sie müsste erst mit ihrer Leiterin sprechen, was sie mir sagen darf und was nicht. Nun war es wieder soweit! Sie hatte etwas zu der Adoption meiner Tochter erfahren und durfte nicht darüber sprechen! Ich fragte mich, wie es nun weiter gehen sollte und vor allem wie meine Tochter davon erfahren sollte. Ich war so wie 1000-mal zuvor Ratlos und ich fühlte mich wieder von den Behörden alleine gelassen. Ich wusste nicht mehr, was ich zu dieser für mich negativen Nachricht sagen sollte und verabschiedete mich vorerst von der Mitarbeiterin, der Zentralen Adoptionsstelle in Berlin, die nur noch den Rest unseres Gesprächs schwieg! in der Zwischenzeit erhielt ich eine E-Mail von der Zentralen Adoptionsstelle aus Westdeutschland, mit keinen besseren Nachrichten! alle waren nun gemeinsam bemüht, mein Anliegen für mich und meine Tochter zu bearbeiten, aber ich sollte davon nicht mehr erfahren. Das wollte ich nicht so stehen lassen und setzte mich an meinen PC! Ich recherchierte über Inkognito Adoptionsgesetze und den § 1758 und durch Zufall, oder auch Schicksal sah ich im Internet eine Information über die Adoptionsgesetze. Da mich diese Adoptionsgesetze nicht wirklich interessierten, habe ich sie überwiegend über Jahre gesehen, nur überflogen. Jetzt aber machte ich mir die Mühe, diese Adoptionsgesetze und den § 1758 bei Inkognito - Adoption aufmerksam zu lesen, in der Hoffnung eine Tür zu finden, wo meine Tochter auch vom Jugendamt kontaktiert werden muss, wegen ihrer Herkunftswurzeln! Ich hatte große Hoffnung die berühmte Nadel im Heuhaufen zu finden und so war es zu Glück dann auch. Hier stand es geschrieben, das Grundgesetz des Adoptionsgesetzes! Das war meine Fahrkarte, um das, dass Jugendamt tätig werden musste, ob es da wollte, oder nicht! denn Gesetz ist Gesetz und das Grundgesetz für Adoptierte Personen, ist dort verankert! Das darf von den Jugendämtern nicht ignoriert werden. Leider wollten sie mein wichtiges Anliegen wieder ignorieren! Ich wollte mich nicht verdrängen lassen und kämpfte weiter für meine Tochter und mein Anliegen an die Mitarbeiter der Zentralen Adoptionsstelle in Berlin. Ich sendete der Mitarbeiterin des Jugendamtes diese Information in schriftlicher Gesetzesform und wartete ab, was denn da zurückkommen würde?! Oder wird mein Anliegen weiter ignoriert? Ignoriert nicht wirklich, aber es wurde wieder nur stillschweigend von der Mitarbeiterin zur Kenntnis genommen! Ich erhielt natürlich vorerst keine weitere Nachricht! Mein letzter Stand des Gesprächs war, das sie mir keine Auskünfte mehr erteilen darf, wenn es um meine adoptierte Tochter geht. Was sollte ich noch tun? Alle Mühen waren umsonst und die Ämter blieben stur, egal welche Adoptionsgesetze ich ihnen vorlegte. Ich kam mir richtig blöd und veräppelt vor von den Jugendämtern. Ich hatte buchstäblich die Nase voll, von den Zentralen Adoptionsstellen - Behörden und Ämtern und ich brauchte eine Pause. Ich nahm mir vor, mich nicht mehr zu melden, egal wo! Ich hatte es satt ständig bei den Jugendämtern um Unterstützung betteln zu müssen. Die nehmen nicht einmal Gesundheits-Angelegenheiten, die meine Tochter vom Grundgesetz her erfahren Muss ernst und ich habe keine Lust mehr ständig hinter ihren Informationen hinter her zu laufen, um doch nur abgewimmelt oder vertröstet zu werden. Ich wusste wer meine Tochter ist und nur das zählte für mich! Von mir aus brauchen die mir nichts mehr sagen, dachte ich und öffnete dabei mein E-Mail-Postfach. Ist das wahr, oder träume ich? Das Jugendamt! Ich hatte eine E-Mail von der Amtsleiterin von der Zentralen Adoptionsstelle in Berlin bekommen und ich war sehr überrascht! Die E-Mail war freundlich geschrieben und sie erhielt Informationen für mich, als Herkunftsmutter. Diese Informationen erhielten keine Anhaltspunkte zu meiner Suche, nach meinem Kind! Es wurde sich wie immer an § 1758 von Amtsseite gehalten. ich kann nur sagen, es war eine freundliche E-Mail, aber sie enthielt leider keine Informationen zu meinen Anliegen! Die erste Freude, löste die Enttäuschung ab und ich stand so wie immer alleine da, mit meiner Suche. In dieser E-Mail habe ich, als Herkunftsmutter Auflagen erhalten, die ich noch einmal hinterfragen wollte. Ich schrieb eine freundliche E-Mail an die Mitarbeiterin zurück und fragte, warum sie denn diese Auflagen erfüllen müssen und ob sie mit meiner Tochter Kontakt aufnehmen, oder aufgenommen hätten?! ich sendete diese E-Mail und dann war wieder das große warten angesagt. Es passierte Tagelang nichts! Ich bekam auf meine wichtigen Fragen, einfach keine Antworten, wie so oft davor. Es nervte mich, weil es immer derselbe Ablauf war. An mich wurden von den Jugendämtern Forderungen gestellt, aber hatte ich eine Frage und wollte dazu eine Auskunft, bekam ich keine wirkliche Antwort. Oder schön umschriebene Worte auf dem Papier, nach § 1758. Warum wurde ich das Gefühl nie los, das mir zwar Antworten gegeben wurden, aber worum es wirklich ging, den Kontakt zu meiner Tochter, wurde schön umrahmt ausgelassen und das machte mich traurig und müde. Nicht einer von den Mitarbeitern spricht ein offenes Wort mit mir! Traurig, aber wahr! Meine eigenen Recherchen haben mich über Jahrzehnte weit geführt. Angefangen hat alles 1973 mit meinem Mutterpass, der geschreddert werden sollte in der Frauenklinik von Berlin. Danke, denn darauf konnte ich aufbauen, was von euch sicher nicht geplant war. Denn ihr habt meine Kinder Tod geschwiegen und symbolisch begraben! Mein Mutterherz wusste, dass meine Tochter überlebt hatte. Was ihr verhindern wolltet, schämt euch alle, die an dieser miesen Intrige beteiligt waren! Ihr habt eine ganze Familie unglücklich gemacht und ihnen ein Baby genommen, was eine Zukunft bei seiner Familie gehabt hätte. Ihr habt mein Kind mit einer Lebenslüge erwachsen werden lassen?! Wie fühlt ihr euch dabei? Habt ihr überhaupt menschliche Gefühle? Oder herrscht bei euch allen nur der pure Egoismus einer Herkunftsfamilie gegenüber, die ihre Familienmitglieder vermissen. Ich fühle mich so sehr verletzt und abgeschoben, denn ich bin ihre Mutter, die sie nicht nur für euch alle geboren hat. Ich habe Respekt verdient und keine Lügen! Wie immer wartete ich auf eine E-Mail der Mitarbeiterin vom Berliner Jugendamt. Eigentlich hatte ich mir schon lange vorgenommen dort nicht mehr zu fragen, da ich sowieso keine Auskunft als Herkunftsmutter bekomme. Auf der anderen Seite interessierte mich, was als nächste Antwort kommt. Ich fragte per E-Mail nochmal höflich nach, wie die Mitarbeiter sich entschieden haben, zu meinem wichtigen Anliegen?! Am nächsten Tag ist eine E-Mail gekommen, die eher kurz war. Es wäre noch nichts entschieden und ich muss mich bis in die nächste Woche gedulden. Ärgern bringt nichts habe ich mir gesagt. Ich war schon darüber froh, dass eine Antwort in meiner E-Mail war und nun war wie immer Geduld angesagt. Da braucht man Nerven wie Drahtseile und trotzdem nach so vielen

Jahrzehnten, ohne weitere Unterstützung, von den Behörden, war ich regelrecht ausgepowert und darum musste ich auch immer mehr Ruhepausen einlegen. Ich wusste genau, wann ich aufhören sollte manche Behörden zu kontaktieren. Genau dann, wenn ich merkte, dass die Auskunftstüren immer weiter von den Mitarbeitern geschlossen wurden. Das war der Zeitpunkt, wo ich immer weniger bis keine Antworten auf meine Anliegen erhalten habe! Manchmal versuchte ich dann telefonisch nachzufragen. Dann war die Kollegin außer Haus, hatte zufällig Urlaub, war auf Fortbildung, oder einfach nicht an ihrem Platz! Es war keinem bekannt, wann sie wieder an ihrem Platz zu erreichen war. Wenn ich dann doch mal Glück hatte, das diese Mitarbeiterin selbst am Telefon war, erhielt ich ein freundliches, aber bestimmendes, wir dürfen ihnen keine Auskünfte mehr über die Adoption ihrer Tochter geben! Dann wusste ich, hier ist die Amts- Tür zu. Es blieb mir nichts anderes übrig, als auf die Gunst der Mitarbeiter von den Jugendämtern zu hoffen, was immer schwieriger wurde. Mir erschien meine Suche endlos und die Reaktionen von den zuständigen Mitarbeitern machten meine Bedenken, meine Tochter niemals in meinem Leben kennenlernen zu dürfen, nicht besser. Sie nahmen mir die Hoffnung an manchen Tagen, Wochen und Monaten! Das waren die Zeiten, wo ich aufhören wollte. Diese endlose Suche, nach der Nadel im Heuhaufen!
Ich wollte weiterkämpfen und nie hätte ich aufgegeben.

Schlusswort

Wer kämpft kann verlieren!
Wer aufhört zu kämpfen hat verloren!
Ich habe mich entschieden, bis zum letzten Tag zu kämpfen, um den Kontakt zu meiner Tochter herzustellen!
Wünsche gehen leider nicht zu 100% in Erfüllung, aber ich bin mit meinem positiven Ergebnis nach Jahrzehntelanger Suche sehr zufrieden und glücklich! Denn ich habe überzeugt, eine Herkunftsmutter zu sein, die ihre Tochter über alles liebt und ich habe mich von keiner Behörde wegen § 1758 abwimmeln lassen. Ich und meine kleine Tochter sind Opfer von falschen Entscheidungen und Fremdbestimmungen im Jahr 1973, von Ämtern und Behörden geworden. Mein einziges Vergehen war, das ich erst 15 Jahre und minderjährig bei deiner Geburt war! Mein Kind ich liebe dich von ganzen Herzen und ich werde dich immer lieben, denn du wirst immer ein Teil von mir sein. Das positive Ergebnis, was ich erreichen wollte, habe ich erreicht! Zur Unterstützung wurde mir ein begleiteter Geschwisterkontakt, wenn dieser von allen gewünscht wird, angeboten! Das war mein Ziel, für meinen Sohn, denn auch er wurde Jahrzehntelang um seine leibliche Schwester betrogen. Ich habe wieder eine Hoffnung und das fühlt sich gut an. Herkunftseltern vergesst nie und gebt nicht auf eure Kinder zu suchen. Denn sie sind ein Teil von euch, viel Glück! Vielen Dank, an alle, die mich unterstützt haben!
Ein Mutterherz vergisst nie und meine Suche ist 2019 zu Ende!